プロローグ

本書は入社3年未満の本気で成長したい若い人たちに向けて書いている（もちろん今から人生を変えたいと本気で考えている人であれば、年齢に関係なく必ず響く言葉に出逢《であ》えるはずだ）。

本気の人に向けて書くからには、私も本気で本音をストレートに伝えたい。

本気ではない冷やかしの人はさっさと本書を閉じたほうが精神衛生上よろしい。

すでに世の中は様々な社会情勢の激変によって否応なくＡＩ化が促進され、次々と既存の仕事が奪われることになるのは必至だ。

人よりＡＩのほうがコストもかからないし、お客様にとっても不快を排除できてミスも少なくて安心なのだ。

ここから導き出される結論としては、アナログ的な癒しや創造力を必要としない仕事はすべてＡＩに奪われるため、世の中の過半数の仕事が消えてしまうことがわかる。

つまりあなたが今やっている仕事も人がやる必要がなくなるのだ。

では人は何をして生きていけばいいのか。

仕事をしなくても人生を充実させるように生きていかなければならなくなる。

少なくとも今の私たちが「仕事」と見なすような概念は一変し、今の「遊び」や「娯楽」という概念に近いことをして人生を過ごすことになるだろう。

そう考えるとこれまで仕事しかやってこなかったオジサンやオバサンたちは腑抜《ふぬ》けになることは間違いない。

反対にこれまでニートや引きこもりと蔑《さげす》まれてきた若者たちこそが主流になる可能性が高い。

なぜならニートや引きこもりたちはこれまでの常識にとらわれないで、自分の世界で好きなことを極《きわ》めようとして生きてきたからである。

すでにその片鱗《へんりん》がインターネット上で確認できるが、「何でこんなのがお金になるの？」「こんなの仕事じゃないだろ！」とオジサンやオバサンが青筋立てて興奮しそうな稼ぎ方をしている人がいるだろう。

率直に申し上げて興奮している彼ら彼女らはもう手遅れである。これからも若者たちや新しい対象を批判し続けて、邪魔し続けて、しがない人生を終えるだろう。

今この文章を読んで怒り心頭に発した人も同類だ。

だが「その通りだ」「自分はそんな人生はまっぴらごめんだ」とストンと腑に落ちた人は年齢に関係なく見込みがある。

「高等遊民」とは明治から戦前の昭和時代までに使われた言葉であり、高等教育を受けたエリートにもかかわらず、仕事もせずに読書三昧《ざんまい》の生活を送っていた人々のことだ。

今回初めて告白するが、**私は大学時代に夏目漱石《そうせき》の小説を読んで「自分も30代で高等遊民になろう」と決めた。**

そのために大雑把な計画を練り、実行し、習慣化して、現在〝高等〟とは言いかねるが、ごく平凡な「遊民」にならなることができた。

自分が想像した通りの環境で、毎日熟睡し、フレッシュな頭で優雅《ゆうが》に勉強し、暇潰しにこうして文章を書いたり音声を吹き込んだりしている。

私から一切売り込まなくても、それらのコンテンツはすべて商品化されている。コンテンツには賞味期限もなければ腐ることもないから、これまでの蓄積《ちくせき》がすべて資産になり、お金がお金を生む。

私の周囲にも似たような生活をしている人が増えてきたし、これは何も特別なことではない。

ほんの少し時代を先取りしただけで、もう少しすればこの生活スタイルが人類のスタンダードになると私は確信している。

仮に会社勤めを選択するとしても、高等遊民が暇潰しでたまにオフィスに遊びに行くスタイルに変わる。

会議はすべて雑談になり、年功序列や終身雇用は100%化石化する。

そのほうが法人も個人もｗｉｎ－ｗｉｎの関係を保てる。

あなたはこれから確実に到来するだろう高等遊民の時代に備えて、今から相当本気で勉強しておくべきである。

若いあなたなら、私より何桁も格上の本物の高等遊民になれるはずだ。

勉強してコンテンツを発信すればそれが必然的に生きる力となる環境が現在は揃《そろ》っているし、さらに物凄《ものすご》いスピードでより優れた環境へと日々進化し続けている。

これまで考えられてきた常識的な、**一瞬でＡＩに取ってかえられるような仕事だけで人生を終えると、「退屈な人」として人もお金も離れて孤立無援《こりつむえん》の醜《みにく》い人生で幕を閉じる。**

あなたの興味のある対象や好きなことを徹底的に勉強し続けると、これからは毎朝目が覚めるたびに天国の人生を送り続けることを約束される。

最後に大切なことなのでもう一度繰り返すが、まもなく「仕事」の概念がガラリと変わる。

それも中途半端に変わるのではなく産業革命レベルに変わる。

オジサンやオバサンが「そんなの仕事とは認めない！」と発狂する対象こそが、これからの仕事になる。

コペルニクスの地動説もニュートンの『プリンキピア』もダーウィンの進化論も、当時既得権益《きとくけんえき》を貪《むさぼ》っていたオジサン、オバサン、お年寄りたちから大バッシングを受けて、命を狙われるリスクもあったという歴史的事実を思い出してもらいたい。

すでに述べたように、彼ら彼女らを今から説得するのはもはや不可能である。彼ら彼女らは放っておいてもそのうち死んでくれるのだから、できるだけ関わらないようにしてこれからパラダイムシフトする次の時代の「仕事」に向けて、粛々《しゅくしゅく》と勉強し、準備しておくことだ。

私も今から四半世紀ほど前に「30代で高等遊民になる！」と口にしても、誰からも相手にされなかった。

というより、露骨に軽蔑《けいべつ》された。

さあ、以上を読んでウズウズしてきたら、あなたも立派な高等遊民予備軍だ。人生は本当に楽しい。

あなたの人生に、幸あれ！

2021年1月吉日　南青山の書斎から

千田琢哉

CONTENTS

「独学」で
人生を変えた僕が
いまの君に
伝えたいこと

CHAPTER 1

本気で成長するための新しい独学の心構え

CHAPTER 2

最短の時間で結果を出すための独学の「準備」

CHAPTER 3

独学で失敗する人、成功する人

CHAPTER

4

独学の成果を左右する「コミュニケーション」

CHAPTER
5
自分の学びをアウトプットすれば、昨日と違う自分になれる

CHAPTER 1

本気で成長するための新しい独学の心構え

01

おバカのままで偉い人と会うのは、将来を台無しにする愚《おろ》かな行為だ。

読書だけが独学ではない。

17世紀に活躍したフランスの哲学者デカルトは莫大《ばくだい》な本を読んだ上で、学校を卒業すると同時に「世間という大きな書物」から学ぼうと決意している。

この世の森羅万象《しんらばんしょう》すべてが独学の教材であり、その中には人も含まれている。

故人の知恵は書物やネットから学べばいいが、存命の人であれば直接会うことで薫陶《くんとう》を受けることも多い。

これまで私も多くの人たちから薫陶を受けてきた。

ただ、だからこそあなたには注意してもらいたいことがある。

入社3年を経過する辺りから、自分からアプローチしてむやみに偉い人と会うのは控えることだ。

もちろん本当に相手が得をする提案ができるのならいいが、単に自分の都合で「お話を聞きたい」といった雑談で相手の時間を奪うのは相当痛い。

百歩譲《ゆず》ってそれが許されるのは20代前半までであり、20代後半に入ってからそれを当たり前のように継続していると、あなたの将来を台無しにしてしまうだろう。

理由は簡単である。

偉い人というのは自分の価値を熟知しており、おバカを相手にすることを酷《ひど》く嫌う。

学生時代ろくに勉強もせずに、無理に偉人に会って「成功のコツを教えてください！」と連呼していると確実にブラックリストに入れられる。

成功者同士というのは裏で驚くほど繋《つな》がっているから、30歳になるまでには成功者ネットワークから永久追放されてしまう。

20代前半は「まだ大学を卒業したばかりの未熟者」と許してもらえるが、30歳前になってくるとそれは許されなくなる。

あなたも30代以降になったいい年齢のオッサンが、マルチ商法の自称成功者の腰巾着《こしぎんちゃく》として生きている輩《やから》を見たことがあるだろう。

放っておくとあの卑《いや》しく醜い人生で終わってしまうのだ。

勘違いしてもらいたくないが、先方から「ぜひ会いたい」とアプローチしてもらえた場合は会えばいい。

あなたが教養溢《あふ》れる魅力的な逸材であれば、自分からわざわざアプローチして会わなくても周囲が放っておかなくなる。

入社3年目以降はとにかくおバカから脱出するために頭の中身を鍛《きた》え抜くことだ。

具体的な鍛え方は本書で述べているからそれを叩《たた》き台にしてあなたの充実した人生を創造してもらいたい。

最低限の教養を習得し、中身のある提案ができないままで偉い人に会うのは犯罪行為に等しいと考え、粛々と頭脳を鍛え抜こう。

02

師を変える。

巷《ちまた》の自己啓発書には師（メンター）の大切さが繰り返し説かれていることが多い。

もちろん人生を充実させるために師を信じ、師から学ぶ姿勢は欠かせないだろう。

私も健気《けなげ》にそう信じて特定の師を裏切ってはいけない、師を浮気するなどもっての外だと思い込んでいた時期が長らく続いた。

結論から言うとそれは間違いである。

特にメンター商法をしているカリスマたちというのは、自分が暴利を貪るためにそう洗脳しているだけだ。

私は会社勤めの頃も独立後も師はいたが、師はどんどん変えている。

師の浮気や同時並行なんて日常茶飯事だが、これが今の私の人生を創ったと確信している。

大切なので強調しておくが、「師は不要」ではなく「師は必要に応じてどんどん変えるべき」ということだ。

あの野口英世《ひでよ》の伝記を思い出してもらいたいが、偉人たちは人生のステージごとに師を見事に変えているのだ。

師を変えないと次のステージには進めないし、禅の後継者である慧能《えのう》が大抜擢《ばってき》された時のように、他の弟子たちから嫉妬《しっと》されて足を引っ張られることは必至だ。

最悪の場合殺されたり自殺に追い込まれたりすることもあるのはあなたもご存知の通りだ。

それが人間社会であり、人間の本能なのだから仕方がない。

人の嫉妬心は死んで焼かれてもなくならないと言われるほどだ。

私自身がこれまで師を変えてきた時期の目利きを今回初公開しよう。

それは師から嫉妬された瞬間である。

どんなに優秀な師でも年齢の問題や体力の問題もあり、あなたにその分野の素質があれば必ずその師を超える時期がやって来る。

だからこそ師はあなたを「こやつ、見どころがある」と感じて当初は弟子にしてくれたわけだ。

だが師も人の子であり、嫉妬しないということは絶対にあり得ない。

もちろん「俺はお前に嫉妬しているから卒業だ」とストレートに教えてくれる師はほとんどいない。

多くの場合、完全犯罪の如《ごと》くまるで空気のようにいやらしく嫌がらせをしてくるものだ。

言葉で説明しなくてもあなたにその瞬間が来たら１００％理解できる。

その瞬間を決して見逃さないことだ。

その瞬間、師から逃げないとあなたの人生は師の奴隷と化してしまう。

誰が何と言おうと師の手を振り払い、独り立ちすべきである。

独り立ちして孤独に技を磨き続けていると、次のステージのあなたに必要な師と自然に出逢うだろう。

03

学生時代の友だちと距離を置いてみる。

これまた衝撃的な話をしなければならないが、**あなたがこれまでの人生の延長線上で終わりたくなければ、これまでの友だちを変えることである。**

友だちは邪魔だ。

これは道徳的な教え方ではないかもしれないが、突出した結果を出した人々であれば必ず首肯《しゅこう》する考え方である。

成功者同士の密室の会話であれば「私の人生を変えた瞬間」ベスト3に必ずランクインするような内容だ。

旧友をどれだけ大切にするのかがその人の価値だと脅すカリスマも多いが、そういうカリスマたちを定点観測して側近たちに1次情報を聴いてみると、100%の確率で「人前ではああ言ってはいますが、使えない人脈は見事なまでにバッサリ切ってきましたね」と笑いながら教えてくれたものだ。

私自身も大学時代の読書を通してこれらを予習しており、社会人になってからは机上の空論か実践的な理論かを検証してみた。

結果はビンゴだった。

周囲が学生時代の旧友たちと同窓会やＳＮＳのやり取りをネチネチやっている間、私は「旧友と絶縁する」のではなく「旧友と距離を置く」という方針で生きてきた。

そうすると膨大な時間が生み出されるだけではなく、メンタルコストも皆無になり、これが自分の人生を創造するためには必要なのだと全身の細胞で幸せを享受できたものだ。

学生時代の友だちと距離を置くのは、最初は寂しいかもしれない。

しかしそれはこれまでの人生のステージにあなたが慣れ切ってしまった膿《うみ》を出しているのだと考えてみよう。

膿を出し切るとスッキリして新しい人生を切り拓《ひら》くことができるのだ。

勘違いしてもらいたくないが、あなたの学生時代の友だちが一流の実績を叩き出しているのであれば話は別だ。

その場合相手から距離を置かれる可能性も高いが、距離を置かれないようにあなたも成長し続けるしかない。

もし距離を置かれても今述べてきた世の中のカラクリを知っていれば、相手を赦《ゆる》すことができるだろう。

なぜなら相手があなたから距離を置いたのは、相手もあなた同様に成長したいという決断をしたからである。

19世紀に活躍したドイツの哲学者ニーチェは「力への意志」という概念を提唱したが、人にはそれぞれ昨日の自分よりも成長したいという本能があるのだ。

もしあなたが本気で成長したければ、「力への意志」に従って成長にフォーカスして生きる覚悟が不可欠だ。

04

盆や正月に惰性《だせい》で帰省しない。

これは私がこれまでに出逢ってきた3000人以上のエグゼクティブの声を集約したものだが、**成功者には盆や正月に惰性で帰省しないという人が非常に多かった。**

少なく見積もって70％以上が帰省しないか、時期をずらして平日に帰省しているとのことだった。

あなたも周囲の成功者と打ち解けることができたら、これをぜひ確認してもらいたい。

きっと「実はもう10年近く盆や正月には帰省していない」と教えてくれる人もいるはずだ。

私自身もこれを真似《まね》したところ、途轍《とてつ》もない収穫があった。

これまでの時間の流れを妨げられないため、成長速度を落とさずに済んだのだ。

日常でもこれは同じで、たとえ30分の商談でも、仕事の流れが著《いちじる》しく悪くなった経験はないだろうか。

自分から会いたいと懇願《こんがん》してくる相手に限って、実にくだらない相手だったりしょうもない話の内容だったりすることが極めて多いのだ。

それで気分を害したためにその日の仕事のクオリティが大幅に劣化したり、最悪の場合にはその後の人生を棒に振ってしまったりすることだってあり得る。

真剣に人生を生きている人であればあるほどこれに首肯するはずだ。

道徳的にタブーとされているが、盆や正月に帰省しても結果として自分の偏差値を大幅に下げられて戻ってこなくてはならないことが多い。

せっかく半年や1年かけて偏差値を大幅に上げても、それが故郷の昔ながらの低偏差値軍団と同じ空間で過ごしただけで、昔ながらの低偏差値と同じになってしまうのだ。

実は同じ空間で過ごすという行為は腸内細菌を交換し合うということであり、知能や行動が飛沫《ひまつ》感染する可能性もあるという科学的な仮説もあるくらいだ。

これはあなたの周囲の1次情報を振り返ってみれば納得できるはずだ。

久しぶりに会うと頭のいい人はますます頭が良くなっており、頭の悪い人はますます頭が悪くなっているのではないか。

また太っている人はますます太っており、痩《や》せている人はますます痩せている。

これらはすべて同じレベル同士が同じ空間で腸内細菌を交換し合っているからなのだ。

まだ確実に立証されたわけではないが、そう考えたほうがすべての辻褄《つじつま》が合うはずだ。

一度やってみればわかるが、これまで惰性で何となく帰省していたのが心底バカらしくなるはずだ。

これまでの蓄積を1回の過ちで台無しにしてはもったいない。

05

転職・独立の準備をする。

私は新卒の会社に入ったのとほぼ同時期に転職エージェントに登録した。

それも大手とされる会社に3社登録し、定期的に担当者と会っていた。

先方も私の転職が成功すれば年収の何割かが入ってくるため、親身になって情報を提供してくれたものだ。

どうして私が転職エージェントに登録したのかと言えば、最初の会社に長居するつもりはなかったからである。

最初の就職先を選んだのは歴史のある大企業に入っておけばキャリアを次に繋げやすいと思ったからであり、それ以外の理由は何もなかった。

実際に私が転職したのは、転職エージェントとは何ら関係のないルートからである。

だからこそ、より冷静沈着に採用市場や転職市場を見ることができたと思っている。

転職エージェントに登録して実際に担当者と会っているうちに、次第に本当に転職に興味を持つようになるし、それ以上に自分の市場価値というものが

客観視できるようになる。

たとえば私が新卒で入社した大企業では、課長になる前の27歳から32歳までが一番仕事ができて売り手市場だということが判明した。

これは当時の私には転職エージェントに登録していなければ永遠にわからなかった事実であり、同じ社内でふんぞり返っている部長や取締役は市場価値がゼロどころか、マイナスだということも教えてもらった。

転職先の会社は売上や社員数で比較すると桁《けた》違いにスモールになったが、そこではひたすら独立をするための準備をした。

実際に総務関係の書類や経理の流れなどは常軌《じょうき》を逸《いっ》するほど研究していたから、総務や経理の担当者から怪しまれたくらいである。

直属の上司に気に入られて依怙贔屓《えこひいき》されて、管理職まで経験させてもらった。

これらの経験が今の私にどれだけ影響を与え、そして役に立っているか計り知れない。

私がここであなたにお伝えしたいのは、転職や独立をすべきだという話ではない。

転職や独立を考えている人も考えていない人も、常に転職や独立を意識することでより成長できるということである。

仮に今の会社に勤め続けるにしても、転職や独立ができるほどの実力があったほうが断然会社からも重宝されるだろうし、あなた自身も充実した人生を謳歌《おうか》できるはずだ。

私は転職も独立も経験したが、その疑似体験や心構えがあったからこそ、適度な緊張感が保たれて成長できたのだと確信している。

06

社内で他にパクれるノウハウはないかを虚心坦懐《きょしんたんかい》に見つめなおす。

極論すると本気で成長したければ社内外でパクりまくるしかない。

これはもう成長のために必須である。

誰に何と言われようが、パクってパクってパクりまくることだ。

「あれはパクりだ！」と批判している連中は、絶対、必ず、１００％の確率で成長できず、30代以降は廃人のような惨《みじ》めな人生を送ることになるだろう。

20世紀に活躍したドイツの哲学者ハイデガーはこのような自分の生命に感謝せず、野次馬的で誰とでも代替可能な連中を「ダス・マン（世人）」と呼んで蔑んだ。

いつも群がってヒソヒソ話に明け暮れている人々は、生きているふりをしているが本当はもう死んでいるのだ。

あなたはそんな連中には目もくれず、間違っても同じグループに属することなどなく、優れた対象があればすぐに真似をしてパクることだ。

あの天才ピカソもパクりの名人であり、才能溢れる愛人の一人からもアイデアをパクり過ぎて決別の原因にもなっている。

「これはパクりではなくオマージュ（敬意をこめたパクり）だ！」というのは芸術家の間ではよく交わされるセリフである。

さてここまでパクりの重要性を説けば大丈夫かと思うが、特に会社勤めをしている人は自分が給料以上に宝の宝庫に囲まれているという事実を再認識してもらいたい。

独立すると必ず後悔するのは、「もっと会社員時代にパクっておけばよかった…」ということだ。

これはもちろん横領ではなく、知恵やノウハウのことである。

会社勤めの間は当たり前だと思っていることも、実は全然当たり前ではなく奇跡だったりするものだ。

自分以外に電話を取ってくれる人がいたり、総務部や経理部があったり、そして何よりも自分が働ける場所があるというそれ自体が奇跡だと気づかされるのだ。

会社に感謝するためには一度想像でいいから独立を意識してみることだ。

独立を意識すると何か盗める知恵やノウハウはないかと真剣に探し始める。

もちろんいい部分だけではなく悪い部分も反面教師として最高の知恵やノウハウになる。

たとえば本気で独立をイメージすれば、「こんなに仕事もせずやる気もない連中が会社にはわんさといるのか…」と気づかされるだろう。

逆に言えばそれだけの無駄を抱え込めるほど会社に余裕があるということだ。

それほどの余裕がある仕組みとは何なのか。

その秘密を探るだけでワクワクしてくるだろう。

07

教養がないと、あなたの将来は無知蒙昧《もうまい》な成金オヤジが上限。

誠に申し上げにくい話だが、どんなにお金を稼いでもただそれだけでは尊敬されることはない。

それはあなたの周囲のお金持ちを虚心坦懐に観察していればわかるはずだ。

綺麗事《きれいごと》を一切排除すると、お金持ちで尊敬されているのは教養がある人だけである。

教養のないお金持ちはマスコミやネットでも道化役《どうけ》として蔑まれている。

これは世界共通であり、誰もが認めざるを得ない事実なのだ。

これまで数多くの海外エリートと対話してきたが、最近では中国のエリート女性と話す機会があった。

私は「中国では学歴のないお金持ちと年収が中くらいのエリートのどっちが尊敬されるの？」と質問したところ、彼女は間髪《かんはつ》いれずにエリートだと答えた。

やはり中国でも単なるお金持ちは尊敬されないのである。

今回書籍では初公開だが、私がこれまでに権力・名誉・財力のすべてを獲得した成功者たちに、「人のランクは何で決まるか」と本音かつストレートに問い続けてきた。

かなり基準を厳しく設けていたため、人数にしておよそ50人くらいだったろうか。

彼らは異口同音《いくどうおん》に3つの基準を挙げ、それらの順番も見事に一致した。

それが「学歴」→「就職先」→「年収」とのことだった。

これらはいずれも人間社会のランクを決定づける指標になり得るが、獲得する難易度順に価値があると教えてくれた。

学歴も就職先も年収もすべて大切だが、一番難易度が高いのは難関大学に「合格」したという「合格歴」であり、一番誰でも可能性があるのは「年収」、つまりただの金儲《もう》けだと密室で教えてくれたものだ。

本書は、入社3年目ぐらいの、若手でまだ可能性を秘めている読者を対象としている。

だからハッキリと真実をお伝えするが、ただのお金持ちではなく教養のあるお金持ちになるべきだ。

そうでなければあなたの将来は無知蒙昧な成金オヤジが上限になってしまう。**すでにネット情報でも流れ始めているが、独立後も尊敬されるのはいい大学に合格し、いい企業に就職して、それらの安定を蹴って独立してそこそこお金持ちになったエリートの成功者である。**

エリートの成功者と無知蒙昧な成金オヤジは、断じて交じり合うこともなければ同じ空間で呼吸することもない。

一口に教養と言っても果てしなく幅は広いし奥も深いが、とりあえず中学の歴史の復習からスタートするのがいい。

08

エリック・ホッファーを熟読玩味《がんみ》する。

教養の一環として西洋哲学と東洋哲学を押さえておくと、国内エリートだけではなく海外エリートとも打ち解けられる可能性が高くなる。

一度ネット情報でもいいから海外エリートたちについて調べてもらいたい。**海外エリートたちは例外なく哲学について語れるし、それがエリートの必須条件にもなっていることに気づかされるはずだ**。

彼ら彼女らにとって哲学はエリートの扉の前に立つための必須科目であり、哲学について何も知らないということはあり得ない。

なぜなら哲学というのは古今東西でその時代に世界で一番頭のいい人間が、死ぬほど知恵を絞った出汁《だし》の一滴をお手軽に吸収できるからである。

デカルトやカントは100年に一人の天才と認識されているし、アリストテレスやライプニッツは1000年に一人の天才と評価する専門家もいる。

20世紀以降に活躍した哲学者だとハイデガー、サルトル、ハーバーマス、アーレント、レヴィ=ストロース、フーコー、ドゥルーズ、デリダ、ボードリヤールなどが世界のエリートたちに大きな影響を与えたと言えよう。

誤解してもらいたくないが研究者を目指すわけではないのだから、根掘り葉掘り研究し尽くす必要はない。

そんなことをしていたら、肝心のあなたの人生が謳歌できないし、哲学を人生に活かす時間もなくなってしまう。

だから概要を掴《つか》み、贔屓の哲学者を何人か発掘し、そこから年間計画で毎年レパートリーを増やしていけばいい。

専門書に挑む必要はなく、漫画や入門書から入れば必ず誰でも哲学の面白さがわかる。

哲学を学べば「すべては人それぞれだ！」という主張は古代ギリシャ時代にすでに論破されていることに気づかされるし、相矛盾するものの一体化が思わぬ価値を生むという知のフレームワークは、今から2世紀も前のドイツで通過済みだということにも気づかされる。

現在のあなたの仕事だけではなく人生全般で天才たちの知恵が救ってくれるのは間違いない。

最後に哲学に興味を持つ突破口としても生涯思考し続ける対象としても推薦したいのが、エリック・ホッファーという社会哲学者である。

彼は学校教育を一切受けることなく独学で数学や物理も学び、カリフォルニア大学バークレー校で教鞭《きょうべん》を執《と》った人物である。

生涯社会の底辺に身を置きながら、人間社会の本質を洞察し続けた彼から学び尽くしたい。

「世の中の本音を知り、
本音に基づいて生きよ。」

CHAPTER 2

最短の時間で結果を出すための独学の「準備」

09

未熟者は長所より短所を徹底的に矯正すべし。

よく「短所は放っておいて長所だけを伸ばせ」と言われる。

ハッキリお伝えしよう。

それは天才だけに許される生き様であり、天才以外がそんな生き方を貫けば確実に大バッシングを受けて業界や組織から干されるだろう。

もしあなたが天才と自負しているのであれば長所だけを伸ばせばいいが、そうでなければ短所を徹底的に矯正すべきである。

特に入社3年目になって致命的な短所があれば、この先かなり暗いだろう。

ライバルからはその短所を弱みとして握られて足を引っ張られる可能性もあるし、上からも「入社3年目になってまだこんなこともできないのか」と落胆され、組織内でできない人間のレッテルを貼《は》られてしまう。

こうなると出世はほぼ絶望的だ。

そこそこの長所があっても短所のほうが目立ってしまうなんて理不尽な話だ。

だがこの事実を正面から受容し、正式にプロとして認められるまでは、できる限り短所はゼロに近づけておいたほうがいい。

どうしても苦手だというのなら、せめて5段階評価で「2」までの能力にしておこう。

プロとしての評価項目で「1」だと他の能力を評価されるまでもなく信頼を失墜するが、「2」なら「頑張っているようだけど、この分野は苦手なようだから他の仕事をしてもらおうか」と感じてもらえる。

これは会社勤めの人に限らず、独立しフリーとして自分の名前で勝負する場合も同じだ。

自分の名前で勝負できるようになったプロならまだしも、まだ無名中の無名でごく一部の仲良しサークル内でしか知られていない分際で、長所だけを伸ばしている場合ではない。

それに致命的な短所がある場合は津波で堤防が決壊するように、将来何かトラブルがあった場合はその短所からすべてが崩壊する可能性がある。

これだけ徹底的に短所を矯正する大切さを述べておけば、さすがに理解してもらえたと思うが、短所を矯正するプロセスで意外な自分も発見できることをお約束しよう。

自分では「2」止まりと思っていたら「4」や「5」に伸びて将来は武器の一つになることもある。

現に私は学生時代に現代文が大の苦手であり読書感想文から逃げ続けついに一度も提出しなかったが、大学入学後に読書にハマり現代文の勉強をし直した結果、今こうして文筆家として生計を立てている。

本当に不思議だがこれも短所を矯正しようと懸命に生きた賜物《たまもの》である。

10

プロの下限をクリアしたら、長所を伸ばしまくる。

さてあなたがいよいよプロの下限をクリアしたとしよう。

プロスポーツ選手で言えばレギュラーメンバーのスタメンであり、フリーランサーであれば自分の名前で勝負できるレベルである。

会社勤めであれば同期で最短出世コースを歩んでいる状態だろうか。

いずれにせよ同じ業界内であれば「この人はプロだね」と満場一致で認められるレベルに達したら、長所を伸ばしまくることを考えればいい。

なぜならプロは短所についてはアウトソースができる上に、放っておいても周囲が手伝ってくれるからだ。

むしろ「手伝わせてください」と乞われる立場がプロであり、そうでなければプロではないのだ。

たとえば医師が手術の際は手術のみに集中すればいいのであって、それ以外の雑用は看護師やその他スタッフが全部やってくれる。

私も執筆の際は脱稿すればいいのであって、通常脱稿してから3か月後には本が完成して書店に並べられる。

プロとしてこれは何も特別なことではなく、それまでに人生をかけて短所を克服し、総合力で国家試験や市場からプロとして認められたからこそ到達できる境地である。

ただしプロの世界で長所を伸ばしても、同じような長所を武器に戦っているライバルがウジャウジャいるはずだ。

その場合はどうすればいいのか。

それは正面から勝負するのではなく、とことんずらすことである。

猫騙《ねこだま》しでは継続できないから勝負の土俵を変えて、自分が勝ちやすい土俵に変えてしまうのだ。

野球ならホームランバッターは無理でも着実に出塁して打率を高めることならできるかもしれない。

ビジネスや学問の世界でも数学や物理に強い文系は強いし、現代文や歴史に強い理系も強い。

すでにお気づきのように、短所を克服した経験がここであなたを助けてくれ

るのである。

短所をまめに克服するとそのうちいくつかは「4」や場合によっては私のように「5」に昇格する武器が出てくる話はすでに述べたが、それが土俵をずらしたり変えたりするのに役立つのだ。

つまりこれまでのあなたの経験や体験はすべて有機的に繋がっているということである。

無駄はない。

長所と短所は表裏《ひょうり》一体とはよく言ったものだ。

無意識にやった経験も意識してやった体験も、いつどこで化学反応を起こすかわからないのだ。

いずれにせよ経験も体験もしていなければ化学反応は永遠に起こらない。

11

目に見える結果を盗むのではなく、結果を生んだ淵源《えんげん》を盗む。

あなたの憧れの人が発信している情報に触れたり、その本人から直接学ぶ機会に恵まれたりしたら、ぜひ注意してもらいたいことがある。

目に見える結果だけを盗むのではなく、その結果を生み出した淵源を盗んでやろうと試みることだ。

本で言えば「行間を読め」とよく言われるが、その感覚が近いだろうか。

哲学者の西田幾《き》多《た》郎《ろう》は「読書」について「偉大な思想家には骨といふ様なものがある」と述べている。

アリストテレスにはアリストテレスの、カントにはカントの、ヘーゲルにはヘーゲルの骨があり、それを掴めばすべての書を読まなくても本質を外すことはないというのだ。

骨とは本質であり、思想の淵源であろう。

見える部分だけではなく、見えない部分こそが見える部分を生み出しているのだ。

これはあなたの勝負の土俵でもそのまま当てはまるはずだ。

たとえばプレゼンが抜群に上手い先輩社員が社内にいたとしよう。あなたがその人の表面上の真似をしても、あなたも同様の結果が出せるとは限らない。

きっと同じ結果は出ないだろうし、これまでよりも低いパフォーマンスになる可能性だってある。

それはなぜだろうか。

西田幾多郎流に言えば、骨を掴んでいないからである。

その先輩社員がどんな生い立ちであり、どんな経歴であり、どんな容姿であり、どんな思想の持ち主であり、これまでどんな人間関係を築いてきたのかまで想像しなければ真似をしても効果は薄いのだ。

見てわかることは誰でもすぐに盗めるが、その結果を生んだ淵源まで踏み込んで盗める人は1%もいない。

あなたがその1%になれば卓越した成果を出せることになるだろう。

これまで私がマークしてきたのは「経歴」と「容姿」が自分に似ていると判

断した相手であり、その上で本人が発信している情報を調べ尽くした。その人になり切って思考を巡らしているうちに結果を出した淵源に近づくことができた。

ここで大切なことは西田幾多郎のような類稀《たぐいまれ》な洞察力ではなく、自分と「経歴」と「容姿」が似た対象で「これなら真似できる」と確信できることだ。その上でその対象の情報をできる限り分析し、本人になり切って生きていればある瞬間にふと「あ、これだ」と降りてくるものだ。

この境地に達するまでは多く見積もって1%もいないからこそ、あなたは周囲に圧倒的な差をつけることができる。

12

淵源を盗んだら、どんどん試す。

ここで私が複数の対象から成功の淵源を盗んだ具体例を紹介しよう。

それは「自分がどう見られているか」を正確に把握できている者順で成功しているという法則だ。

もう少しわかりやすくお伝えしよう。

男性でイケメンだと異性からはモテるが、同性からは嫉妬される。

女性の場合はそれがより顕著《けんちょ》だ。

だから本音ストレートで勝負すると特に同性からは激しいバッシングで足を引っ張られる可能性が極めて高い。

ちなみにイギリスで初めての女性首相となったマーガレット・サッチャーも嫉妬による憎悪で激しく足を引っ張られ続けたが、その嫉妬は男性有権者からではなくほとんどが女性有権者たちから受けたことがわかっている。

あるいはイケメンや美人がいくら賢いことを言っても説得力がないこともわかっている。

その証拠に超一流の学者にジャニーズ系のイケメンは少ないし、スーパーモデルとしても通用する容姿の学者も少ないだろう。

つまりイケメンや美人で得をすることもあれば損をすることもあるのだ。

逆にブサメンやブスだからこそ得をすることもある。

繰り返すが大切なのは「自分がどう見られているか」を少しでも正確に把握することである。

要は天からあなたに遺伝子として配られたカードに文句をつけずに、配られたカードで勝つ方法を考えるのだ。

トランプの七並べで「このカードじゃ勝てないからもう一度配り直してくれ」と言っても、それは受け入れられないだろう。

人生もそれと同じだ。

私はこの成功の淵源を獲得してから成功率が飛躍的に高まった。

大切なことは自分の遺伝子を熟知し、それを受容し、確実に勝てる土俵で勝ち続けることである。

もちろん試行錯誤は永遠に終わらないが、それでも成功の淵源を知っていて挑戦するのと、知らないで闇雲に挑戦するのとでは結果はまるで違う。

すでに述べたように「経歴」と「容姿」はあなたの人生の突破口を開くのに極めて重要な要素だ。

場合によっては学歴を出さないほうがいいこともあるし、顔出しをしてはいけないこともある。

こればかりは周囲はなかなかストレートに本音を教えてくれない。

では誰が教えてくれるのか。

市場が教えてくれるのだ。

賛否両論はあるものの、インターネット上の匿名の意見は本音の宝庫である。

あるいはあなたの発信するサービスの売上高も市場の本音の集大成である。

13

試す際には、PDCAの〝C〟を念入りに。

本書を読むほど勉強熱心なあなたには釈迦《しゃか》に説法かもしれないが、一応PDCAサイクルについて軽く説明しておきたいと思う。

言うまでもなくPlan（計画を立てる）→Do（実行する）→Check（評価する）→Act（改善する）を循環させて目標を達成する手法である。

これは多くの人に知れ渡ったが不思議なことに目標達成率が上昇して世の中の景気が回復したという話をまるで聞かない。

ひょっとしてPDCAサイクルは間違っているのだろうか。

あるいは効果がないのだろうか。

結論を述べるとPDCAサイクルを超える目標達成手法は今のところ存在しない。

私は会社勤めの頃に社内外の経営コンサルタントたちと目標達成について語り合ってきたが、結局PDCAサイクルをいかに正確に、素早く回転させるかの勝負だという結論に達した。

これは今でも変わらない。

ではなぜＰＤＣＡサイクルを循環させているのに目標達成できない人が多いのか。

そこにはある程度のパターンがあることに気づかされた。

一番多いのはＣｈｅｃｋが甘いことである。

「まあまあ成功したほうじゃないか」「この条件でよく頑張ったよ」「次はもっと頑張ろう」で会議が終わってしまい、次のＡｃｔもあやふやになり、その結果としてＰＤＣＡサイクルを回転させるたびに劣化していくという負のスパイラルに陥っていたのである。

Ｃｈｅｃｋとは具体的にするべきものである。

具体的とは数値と固有名詞を含めることである。

「なぜＰｌａｎとＤｏにズレが生じたのか？」「どうすればＰｌａｎとＤｏの溝を埋められるのか？」「誰が、いつまでに、何をすれば次は上手くいくのか？」を浮き彫りにして、メンバー全員が「次は大丈夫」と確信を持てることである。

私が経営コンサルタント時代にはとにかく執拗《しつよう》にＣｈｅｃｋに時間をかけて、あらゆる角度から分析したものだ。

できればプロジェクトメンバー以外にも意見を仰いで、「それはあり得ない」というアイデアほど大切にした。

なぜなら「それはあり得ない」という感想は固定観念に染まっている私たちだから抱くのであって、傍《はた》から見たらそれが正解かもしれないからだ。

また「それはあり得ない」から触発されて別の解決策が生まれることも少なくなかった。

もちろんＰｌａｎやＤｏやＡｃｔに問題があることだってある。

しかしやってみればわかるが、Ｃｈｅｃｋを厳しくすればすべてはスムーズに回るのだ。

14

こなすスピードを意識すると、早く本質を掴める。

どんなことでも本質は早く掴めたほうがいい。

あなたはその分自由な時間が生まれるし、好きなことや新しいことに挑戦できるからである。

ではそのためにはどんな訓練をすればいいのか。

スピードを意識することだ。

こなすスピードを意識することで、自ずと本質を早く掴めるようになるのである。

なぜならスピードを意識してこなそうとすれば必然的に無駄を削《そ》ぎ落とさなければならなくなり、最終的に本質だけが残らざるを得ないからである。

私が新卒時や転職したての頃は、入社間もない社員には様々な雑用を与えられたが、私はそれらの雑用すべてに時間を設定した。

毎回必ずストップウォッチで計り、最初にかかった時間の半分で終わらせるように最終目標を立てた。

毎回真剣勝負だったがそれでも半分の時間で終わらせようと思うと慣れだけ

ではなく、何らかの工夫が必要となる。

道具を使ったり、順番を変えたり、似たような作業をまとめたりと、知恵を絞らなければならなかった。

結果としてどこで手を抜いて、どこは手を抜けないのかが仕事の本質だと気づかされたのだ。

畢竟《ひっきょう》、仕事とは手の抜きどころ探しなのだ。

手の抜きどころ探しというのは、怠けていい加減にやれという意味ではない。むしろその対極である。

人は24時間365日を完全に最高の集中力を保つのは不可能である。だからどうしても手の抜きどころを探して、ここは絶対に外せないという部分だけに全エネルギーを集中させるしかない。

仕事ができるということは手を抜いてもいい部分といけない部分を完璧に把握しているということである。

あなたも今日から自分の仕事で手の抜きどころを探してみよう。

すでに述べたように手の抜きどころを探すためには、スピードを意識することだ。

そのためには今やっている仕事に要する時間を知り、その半分の時間でやると決め、ストップウォッチで計ってどうすれば実現するのかを毎回チェックするのである。

まさにここでもPDCAサイクルが活きてくるだろう。

結果として手の抜きどころがわかれば、仕事の本質もわかる。

この調子で本質を掴む習慣にすると、あなたはどこへ行ってもやっていけるだろう。

会社によっては他人の半分の時間で仕事を終わらせ、外回りを装ってそのまま直帰してしまうことも可能である。

実際に私はいつもそうしていたものだ。

15

もったいぶって考えさせる師ではなく、ささっと答えを教えてくれる師を選ぶ。

特に一人前になるまでの段階で言えることだが、あなたが質問をしてさっさと答えを教えてくれない師は使い物にならないと考えていい。

いきなり刺激的なことを書いてしまったが、ここは妥協すべきではない。

もしあなたがプロとして一流の域に達した場合にはもったいぶって考えさせる師も悪くないし、後々有効になってくるかもしれないが、プロになる前の段階の未熟者はいくら考えても意味がない。

偏差値25の未熟者はまずはさっさと偏差値50まで引き上げることが大切なのであって、ちまちま自分の頭で考えるべきではない。

そんなのは時間の無駄であり、寿命の無駄遣いである。

ハッキリ言ってもったいぶってなかなか答えを教えてくれない上司からは離れたほうがいい。

異動願を出すか、それが叶《かな》わなければあなたが辞表を出すのも一案である。

私が師を選ぶ際にも必ずそれを意識してきたし、答えを教えてくれない師からはすぐに卒業させてもらった。

これまでどんなにお世話になったとしても、である。

その代わり理由は自分で考えた。

答えを教えてもらったのだから、仕事はすぐに終わる。

しかし理由を自分で考えることによって、自分だけの理由がわかる。

時を経て師に理由の答え合わせをしてもらっても、私の答えのほうが何倍も何十倍も深かったりする。

それは私のほうが長時間理由を考え抜いたからである。

答えを教えてくれた師のほうが「そうだったのか、勉強になった」と感謝してくれる。

それが師に対する恩返しと言えば恩返しになるのだろう。

あとこれはタブーだが、すぐに答えを教えてくれない師はあなたを考えさせたいのではなく単に自分にも答えがわからないだけなのだ。

それで「自分で考えろ」と突き放すふりをして、本当は頭が悪いのを隠蔽《いんぺい》しようとしているだけなのだ。

もちろん師だって人間だから完璧ではないし、知らないことやわからないことだってあるだろう。

だがあなたがプロとして一流を目指しているのであれば、即答できない師は不要である。

極論するとプロとしての師の人間性などどうでもいい。

あなたの好悪《こうお》も殺したほうがいい。

師はひたすら正しい答えを教えてくれる存在であり、あくまでもあなたが最短で成長するための手段なのだ。

もちろん以上述べた師というのは人間の師に限定しない。

現在はネット上でも即答してくれる。

16

社長より経営コンサルタントの書いた本のほうがすぐに使える。

ビジネス書や自己啓発書を観察していると、売れ筋は名物社長が書いた本と著名コンサルタントが書いた本に大別できる。

私はどちらも好きでよく読ませてもらってきたが、前者は小説として楽しみ、後者は実践書として大いに役立たせてもらった。

理由は簡単で前者の名物社長が書いた本はその社長だからこそできたことがメインであり、サンプル数1で真似できないことが大半だからである。

その代わり多少盛っているとしてもリアルに基づいているわけだから、勇気をもらえたりするものだ。

後者の著名コンサルタントが書いた本は客観的に非常によく分析されており、ルール化されていて本当に結果が出ることが多い。

もちろん百発百中ではないものの、10のうち2つや3つは必ず結果が出る。

私自身が経営コンサルタントだったからよくわかるのだが、仕事というのは他人事として傍観《ぼうかん》しているほうが長所も短所もよく見えるものだ。

もし私が顧問先の社長だったら絶対に自分では気づかないことでも、傍から見ていると次から次にアイデアが湧いてくる。

たまにモチベーションを高めたり気を引き締めたりする際に名物社長が書いた本を読むのもいいが、純粋に仕事に活かしたい場合は経営コンサルタントの書いた本を読むことだ。

それもできればパートナーなどの経営陣が書いた本よりも、比較的若手のプロジェクトリーダーが書いた本がいいだろう。

前者は自社の広告代わりに本を出しているのに対して、後者は現場最前線で実際に結果が出たノウハウを公開してくれていることが多い。

もちろん自分流にアレンジする必要もあるが、中にはそっくりそのまま使って結果が出ることも含まれている。

ここはひとつ紙書籍でも電子書籍でもネット上の情報でもいいから、水準以上の実績を出したことが確認できる経営コンサルタントの知恵を拝借《はいしゃく》するのは非常に有効だ。

彼らはいい本を書いて仕事を受注しようと思っているわけだから、いい加減な嘘《うそ》や机上の空論は書けない。

これまたタブーになるが、経営コンサルタントの実力は書いた文章がピークであり、実際のコンサルスキルはそれ未満だと考えてほぼ間違いない。

本なら千数百円で済むのに、コンサルを受けるとその何千倍や何万倍も毟《むし》り取られる。

その割にアウトプットの報告書はビジネス書未満の完成度だからちょっと笑えない。

「石の上にも三年」は、若手を奴隷化する嘘。

CHAPTER 3

独学で失敗する人、成功する人

17

『現代文キーワード読解』(Z会)をマスターしてから本を読む。

おバカなまま偉い人と会うのは失礼だという話はすでに述べたが、実は本についてもこれは同じである。

軽いビジネス書や自己啓発書であればおバカでも読めるかもしれないが、本当に頭のいい正統派エリートが書いた本を読みこなすには最低限の語彙《ごい》力と背景知識が不可欠になる。

本を読んでいるうちに自然に語彙力がつくというのは嘘で、人生のどこかで集中的に勉強しなければ永遠に大人の語彙力はつかないのだ。

幼少の頃から英語に触れていると文法を勉強しなくてもペラペラ話せるようになるようだが、中学から英語を勉強するには文法をきちんと学ばなければならないように、語彙力も小学生の頃から読書三昧という人以外は今から詰め込まなければならない。

当たり前と言えば当たり前の話だろう。

そこで私が推薦したいのは『現代文キーワード読解』（Z会）という大学受験向けの参考書だ。

これは非常によく練り込まれて作成されており、水準以上の受験生に支持され続けてロング&ベストセラーとなっている。

この分野において今世紀中に本書を超える参考書を生み出すのは、ちょっと難しいと思わせるくらいの名著だと思う。

もし本書を読んで難し過ぎて眩暈《めまい》がするという人には『ことばはちからダ!』（河合出版）から入るといい。

毎日数ページずつ読み物として味わい、何度か反復しているうちに自然に掲載されている語彙を使いこなせるようになれば合格だ。

受験勉強のように短期間で暗記して終了ではなく、数年計画、数十年計画で一生モノの語彙力を盤石にしてもらいたい。

たとえば具体と抽象、帰納と演繹《えんえき》、絶対と相対、概念と観念、形而上《けいじじょう》と形而下、なおざりとおざなり…を見て、いちいち立ち止まらなくなれば合格だ。

換言すれば以上の語彙を見て立ち止まるようではまともな本を読めない。

頭のいい人が書いてくれた本を読んでも知恵を授かることができないのだ。

語彙力がないまま独学に挑むのは、素手で戦場に向かうのと同じく愚かな行為であり、いつまで経っても努力が報われず、寿命の無駄遣いである。

『現代文キーワード読解』にはエリートたちの下限の語彙力が掲載されているだけではなく、実際の大学入試現代文から抜粋された例文や背景知識までまとめてくれている。

本書をマスターすれば必ずや正統派エリートが書いた名著に挑みたくなるだろう。

18

社会は公立高校入試レベルまで学力を戻しておく。

すでに世の中には情報が溢れ日々増え続けているが、それらの大半がジャンク情報だとしても中には外せない情報も交ざっている。

それらをスルーしてしまうと大きなチャンスロスになることも少なくない。

その気になれば誰もが同じ量の情報に触れられるようになったのに、相変わらず頭のいい人は頭がいいままだし、頭の悪い人は頭が悪いままだ。

この差はどこから来るのか。

それは無知から来るのだ。

たとえば政治経済についてあまりにも無知だとそもそもニュースが理解できないから、あなたの記憶のフックに引っかからずにスルーせざるを得ない。

ところがEU、ASEAN、NAFTA、MERCOSUR、ドント式、一票の格差、議院内閣制、三権分立、直接請求権、円高と円安、歳入と歳出…といった用語を見たり聞いたりしても、もし本当に何も知らなければ政治経済については完全にアウトである。

つまりその人は今どういう仕組みの中で自分が生きているのかわからないか

ら、何が必要な情報で何が不要な情報なのかがわからず、スポーツネタと芸能ネタをかき集めて人生を終えることになる。

結果として一流の人たちから嫌われるし、一流の本を読めない。

最終的にはどんな仕組みの中で生きているのかを知らないまま、搾取《さくしゅ》されまくってご臨終である。

それを大袈裟《おおげさ》だと思う人がいたら、この機会に自分の無知を省《かえり》みたほうがいい。

仕組みを知らずに踊らされていることがわかると、怒り心頭に発するはずだ。

それが30代や40代以降ではもう手遅れになるのだ。

そんな人生はまっぴらごめんだというのなら、中学用の社会の教科書ワークを復習しておくことだ。

中学の社会では地理・歴史・公民を学習するが、これらが完璧に理解できていれば政治経済の一般的情報はすべて理解できるようになる。

先ほどの用語もすべては中学の社会で習うものばかりだ。

無知蒙昧なままで消費税に反対していると、周囲には同じく無知蒙昧な連中が集う。

人生というのは普段隣にいる顔ぶれで決まるから、下流の人生が確定してしまう。

仕組みを熟知した上で消費税について語れば知的な人たちに囲まれて、上流の人生を歩める。

これまで私が出逢ってきた1万人以上のビジネスパーソンたちを見ていると、特に理系出身者は仕組みに疎《うと》い人が多い。

仕組みに疎い と無能で強欲な連中に搾取されてしまうのだ。

19

書籍で挫折しても、動画や音声を駆使すれば継続できる。

語彙力が大切なのは間違いないが、これからは必ずしも書籍、つまり活字から学ばなければならないわけではない。

それは私自身も実感しているし、私の周囲の情報から判断していても明らかである。

実際に学校教育に疑問を持ち始めている人が激増しているが、スクール形式で座らされて1対多形式で教えられるのはもう古い。

今は無料で大学受験までの授業がネット動画でアップされている。

私もそれらを見るのが好きだが、平均すると私が学生時代に教わってきた教師よりも遥《はる》かにわかりやすく、ポイントも押さえてある。

もはや学校に通う意味がないと考える生徒や父兄も増えているはずだ。

実は今から四半世紀以上前にも高校生同士の間で同じことが語られており、「学校にはテストだけ受けに来て、それ以外は自由登校にしてもらったほうが勉強はできるようになる」という声があった。

私も高校時代に通学が無駄であると痛感した。

今だから正直に言うが、学校の授業は教師たちが仕事をしたという自己満足に浸るための儀式であり、生徒はそれに付き合わされていたのだ。

もちろんこれは生徒によるだろう。

人から教わるのが好きだとか、人から教わらないと理解できないという生徒もいるからだ。

ただし世の中には独学で一流大学に入学する人は多いし、現在はネット動画だけでそれが実現できることも証明されている。

私の場合はこれに加えて音声も利用している。

活字を読んでいると目が疲れてくるが、音声だと目は酷使しなくて済む。

もちろん長時間聴き続けていると耳が疲れてくるが、その場合は活字や動画に戻す。

これによって独学で誰もが途轍もない境地に達することができるようになった。

自分がそうだからきっと独学で成長し続ける人たちは同じことを求めている

のだろうと考え、2016年7月から私は「真夜中の雑談」という音声ダウンロードを開始している。

結果はビンゴであり、一切の有料宣伝をせず紙書籍の発行部数を何倍も超える勢いで激しくダウンロードが増え続けている。

ビジネス上はすでに音声ダウンロードがメインになってしまった。

もちろん次はあなたの番である。

私に限らずこれからも動画学習や音声学習は増え続けるだろう。

ただし繰り返すが、それらの吸収度合いはあなたの語彙力に比例する。

日々語彙力を鍛え続ける習慣も止めないことだ。

20

資格試験向きでない人は、もっと自由な勉強をすればいい。

世の中には浪人で人生を無駄にしている人は多い。

大学受験の浪人や資格試験の浪人は結果が出ればすべて報われるが、結果が出なければ寿命の無駄遣いである。

「失敗したけどあの時の努力が今に繋がっている」というのは負け犬の遠吠《とおぼ》えであり、勝者の世界では出た結果がすべてなのだ。

結果こそが事実であり、それ以外はすべて無だ。

すでにネット上や書籍でも公開されて久しいが、大学受験は遺伝でほぼ決まる。

幼稚園受験や小学校受験は大枚をはたいた早期教育などの環境で遺伝子の不足分をカバーできるが、中学受験と高校受験になるとかなり苦しくなってきて、ついに大学受験では遺伝子格差が剥《む》き出しになることがわかっている。

あなたの周囲にも複数いたはずだ。

中学受験や高校受験では一頭地を抜くように見えた生徒でも、大学受験では鳴かず飛ばずの結果しか出なかった同級生たちが。

あの現象は遺伝子格差から目を背けず、彼ら彼女らの両親や祖父母を虚心坦懐に見るとその真因が浮き彫りになる。

生来《しょうらい》の知能指数が低ければ文系でも数学が必須のことが多い難関国立大学には絶対に入れないし、難関資格試験もそれに準ずる。

問題作成者たちはそれを完全にわかった上で選別しているのだ。

先に挙げた難関国立大学の入試で文系でも数学が必須になっており、さらに数学の配点が高くて実質的に合否を左右している理由は、努力だけでは入れないようにするためである。

これはすでに鬼籍《きせき》に入った旧帝国大学の教育学部教授から1次情報で聴いた話なので間違いない。

以上から私がお伝えしたいのは、遺伝子格差は努力では超えられないのだから、格差を受容し、その上で勝てる土俵で勝つべきだということだ。

大学受験や資格試験というのは模範解答という絶対の正解が存在し、そこから外れたものは全部排除される仕組みである。

つまりそれらが生来苦手な人はどれだけ努力しても報われないし、それらが生来得意な連中から見下されて支配され続けるのだ。

奇跡的に授かったあなたの命をそんなに安売りしてもいいのか。

報われない土俵からはさっさと脱出し、報われる土俵で残された生命を燃やすべきなのだ。

そのためにはまだ模範解答のない、あなた自身が模範解答になる自由な分野を開拓すればいい。

無意識に嫉妬されたことや時間を忘れて没頭したことがあなたの才能だ。

21

「○時まで頑張るぞ」より、「気づいたらもう○時」という分野の勉強をする。

勉強ができる人の特徴は「1日が25時間あればいいのに」と思うことだ。別に26時間でも30時間でもいいのだが、勉強ができる人はもっと勉強していたいのだ。

だが勉強には妥協なき睡眠が欠かせないので、もどかしさを感じているのである。

反対に勉強ができない人の特徴は「〇時まで頑張るぞ」と勉強は時間で決まると思い込んでいることだ。

この考えはあながち間違ってはいない。なぜならじっくり考えて勉強をするにはある程度まとまった時間がどうしても必要であり、細切れ時間にできることには限界があるからである。

だが「頑張るぞ」がいけない。

勉強は頑張るのではなく、楽しくて我慢できずにやってしまうものである。

少なくとも受験勉強ではない大人の勉強はそうでなければ続かない。

念のため受験勉強でも楽しくて仕方がなかったという人は難関国立大学に結

構いる。

だから彼ら彼女らは大学入学後も勉強を継続するし、研究者として活躍している比率が高いのかもしれない。

「気づいたらもう○時」と聞くとゲームや漫画などを連想する人が多いと思うが、もちろんそれらも立派な勉強だ。

現にゲームのプロでお金持ちになっている人は複数いるし、漫画家だけではなく書評家として活躍している人もたくさんいる。

翻《ひるがえ》って、あなたにとって「気づいたらもう○時」とは何だろうか。

鉄道が好きならそれも勉強の対象だし、筋トレが好きならそれも勉強の対象だ。

本格的に鉄道が好きなら必ず地理や歴史の勉強もしなければならなくなる。

本当に鉄道が好きだというのはそういうことだからである。

本格的に筋トレが好きなら必ず医学や心理学の勉強もしなければならなくなる。

本当に筋トレが好きだというのはそういうことだからである。

一つのことを深く知るということは、すべてを知ろうとすることだ。

道具を使わないで砂場で深い穴を掘りたければ、広い穴を掘らなければ不可能である。

それと同様に勉強も深く学ぶためには広く学ばなければならない。

これは自然界の摂理であり、誰にも否定できないこの世の真理である。

本気のあなたに予めお伝えしておくが、あなたがどんな分野を勉強しようが、いずれ必ず必要になってくるのが歴史と哲学である。

歴史には絶対に人がやってはいけない失敗例が満載だし、哲学を知ると知のフレームワークをインストールできる。

22

お子様向け絵本や漫画版で概要を掴み、初歩を習得する。

勉強が苦手な人の特徴は基礎の前の初歩がスッカラカンだということだ。

私は本書で必ずや独学で人生の突破口を開いてもらいたいと思っているので、今から厳しいことをお伝えする。

すでに世界的な調査で実証済みなのは、日本の大人たちの3分の1が勉強のできない小学生並みの学力のままだという事実である。

算数や理科の問題がわからないのではなく、そもそも問題文の意味がわからないのだ。

見かけは大人の身体をしているが、相も変わらず中身は落ちこぼれのままなのだ。

私がこれまで出逢ってきた人たちを虚心坦懐に振り返ってみると、日本人の下から約3分の2は平易に書かれているビジネス書や自己啓発書でも単に読んだ気になっているだけで、ほとんど学べていないのが実態だ。

学歴別に述べると中卒・高卒・短大卒は言うまでもないが、文系理系問わず学力不足のまま推薦で私立大学に進学した層は、この3分の2に入っていると考えていい。

努力して勉強ができなかったのではなく、努力したけど勉強ができなかったのである。

遊んでいたから勉強ができなかったのではなく、勉強ができなかったから遊んでいたのである。

この世の大原則として「遅い足が速くなることもなければ、悪い頭が良くなることもない」という現実を押さえておけばそう間違った人生にはならない。

以上厳しいことを並べ立ててきたが、多少の誤差はあるだろう。

それは各自で微調整してもらいたい。

これらの厳しい事実を正面から受容して、ではどうすればいいのかを考えるのだ。

頭が悪いのであれば、お子様向けの絵本や漫画版から入ればいい。

人に見られて恥ずかしければ自室でこっそり読めばいい。

書棚を見られて恥ずかしければ奥に隠すか、押し入れに放り込んでおけばいいだろう。

しかしお子様向けの絵本や漫画版を恥ずかしいからという理由で避けるのだけはやめてもらいたい。

お子様向けの絵本はお子様が書いているわけではないし、漫画は大手出版社のエリートたちが実質的に企画して世に送り出している。

すべてではないがちゃんとした大学教授が執筆しているものもあるし、監修しているものとなればさらに多い。

難解な哲学書も漫画になっているものが多いから、そこから入ればいいしそれで終わってもいい。

難解な哲学書を読まずにただ棚に飾ってあるだけの人を確実に抜ける。

23

入門書で基礎を徹底的に固めると、そこから先が一気に楽になる。

すでに学力が高い人や教養がある人はいきなり基礎からスタートしてもいいが、お子様向けの絵本や漫画版で概要を掴んだ人は入門書に挑んで基礎を固められるはずだ。

ただ注意しなければならないことがあって、専門書にはタイトルに「入門」と入っている割に全然入門ではないものもあるということだ。

博士号を取得した専門家にとっては入門であっても、専門外の一般人にとっては極めて難解な本は多い。

それらの目利きは比較的簡単で、出版社の名前をチェックすればいい。

誰でも聞いたことのあるメジャーな出版社であれば、わかりやすい入門書である。

多くの場合ベストセラーとして売れていることが多い。

反対に聞いたことのないマイナーな出版社であれば、難解な入門書である。

あなたがその道のプロを目指すのでなければ、関わってはいけない。

メジャーな出版社から出ている入門書がベストセラーになると、多くの専門家から批判を浴びて「ここが間違っている！」「この著者は全然わかっていない！」「よくこんなのを本にしたものだ！」と酷評されることが多い。

あなたはそんなことを一切気にしなくてもいい。

やはり売れるとそれだけ影響力を及ぼすから、嫉妬も含めて専門家たちは興奮しているだけである。

たとえ専門的には多少の解釈が間違っていたとしても、あなたの人生に役立てばそれでいいのだ。

その昔、森鷗外が脚気《かっけ》の治療で脚気菌にこだわっていたところ、高木兼寛《かねひろ》が食事に注目して最終的に脚気は菌ではなく栄養不足だという発見に繋がった。

これは漢方薬についても言えるが理由や理論はともかく実際に効いたらそれが正解という考え方だ。

森は当時医学の主流だったドイツの大陸合理論に染まっており、まず理論ありきだったから演繹法にこだわったのだ。

一方の高木は当時主流ではなかったイギリスの経験論に染まっており、まずは目の前の現実を直視してそれらをルール化するという帰納法にこだわったのだ。

少なくとも脚気の勝負では高木の圧勝だった。

森は文学の世界で数々の偉業を成し遂げたが、あなたも自分に置き換えたらこの二人から学べることは多いのではないか。

独学はブランドや威厳よりも結果が大切である。

入門書にもこれは当てはまり、理論よりも現実や結果が大切である。

すべてにおいて基礎は最重要だから、入門書では妥協しないことだ。

24

勉強に終わりはないと知る。

さて受験勉強と大人の勉強の一番大きな違いは、前者には合格という終わりがあるが後者には終わりがないことだろう。

私自身は大人の勉強がとても性に合っていて、どんなに勉強したところで全宇宙の中では針の穴程度のこともできやしないと考えて日々学んでいる。

大学時代にハイデガーの未完の書『存在と時間』を読んだ際に「ダーザイン」という用語を知った。

ダーザインとは「現存在」と訳されるが、要は人間のことである。

ハイデガーの本には「存在」という言葉が頻繁に登場するが、すべて「人間」と訳しておけば大きな間違いはない。

それが肯定的な意味か否定的な意味かで存在に付け加えられる訳が変わるのだ。

ダーザイン（現存在）とは一生懸命に生きる人間のことである。

どうすれば人は一生懸命に生きることができるのかと言えば、ハイデガーは死を受容することだと説く。

人は誰もがいずれ必ず死ぬが、その死を自分事として受容できた者は日々一生懸命に生きるというのだ。

これは確かにその通りだろう。

あなたも私もあの人も、どんなに偉人だろうが必ず最期は死ぬのに、人は放っておくと自分の命が永遠のように錯覚してしまう。

自分の命が永遠だと錯覚している人はとてもわかりやすい。毎日のんべんだらりとただ死なないためだけに卑しく生きていて、群れて、噂話をしているからだ。

死を受容するのは暗くてネガティブなことではない。

死を受容してこそ人は命に感謝できるのであり、今この瞬間を懸命に生きることができるのだ。

これはニーチェの超人思想にも繋がるだろう。

ニーチェは今この瞬間生きていること自体に感謝し、懸命に生きて人生を味わい尽くす人間を超人と呼んだ。

あなたも一度騙されたと思って部屋を暗くし、独りで瞑想《めいそう》してみよう。

しばらくすると自分の呼吸や心臓の鼓動を感じることができるはずだ。

自分は生きているのだという根拠のない自信が漲《みなぎ》ってくるはずだ。

すると次の瞬間、この奇跡的に授かった命を大好きになって燃やし尽くそうと思うようになる。

1秒をいい加減に生きることに嫌悪感を抱く。

人生には終わりがあるが、勉強には終わりがないという現実を受容できる。

私は大学時代にそう考え、50年計画で勉強をしようと決断した。

50年で終わりではない。

50年後からがスタートであり、勉強の道半ばでポックリ逝きたいと思う。

「50年計画で勉強すると、淡々と継続できる。」

CHAPTER 4

独学の成果を左右する「コミュニケーション」

25

批判はすべて、一理ある。

誰もが嫌いなコミュニケーションに批判がある。

なぜこの世から批判がなくならないのかと言えば、それは人の本能には嫉妬が深く刻み込まれているからだろう。

嫉妬の理由は弱者が強者に対して殺されないようにするためである。

弱者は本能で自分よりも格上の遺伝子に出逢うと、自分の存在価値が負けていることを察知する。

このままでは自分が存在する理由がなくなってしまうと怯《おび》えるのだ。

そして次の瞬間、嫉妬のスイッチが入って格上の遺伝子の持ち主を批判することで自分の心臓の鼓動を整えて身を守るのである。

相手を批判することで相手のポジションを自分のポジションまで下げ、自己完結でホッと胸を撫《な》で下ろすのである。

これ以外の理由はこの宇宙に一切存在しない。

もしあなたが思わず相手に嫉妬して批判したくなったら、それは自分の遺伝子が負けている証拠だと考えると理性的になれるだろう。

東京帝國大学を卒業したスーパーエリートである明治の文豪、夏目漱石でさえイギリス留学中に自分の顔や体軀《たいく》がイギリス人に大きく見劣りする現実に嫉妬し、おまけに自慢の英語も聴き取れず、伝わらず、鬱状態になって引きこもりになってしまったのだ。

人類である限り誰でも嫉妬はするし、批判をしたくなる感情が芽生える。

それを克服することなど我々は永遠にできない。

そう考えると嫉妬による批判はあって当たり前のことだと、頭では理解できるだろう。

私の場合、批判があれば発信している人は完全に無視して、言葉だけをありがたく頂戴している。

無機質な言葉の羅列として批判を見つめると、一理あると気づかされるのだ。

と同時にその批判には途轍もない宝が埋まっている。

なぜなら何度も申し上げているように、批判の根っこには嫉妬があり、あなたが嫉妬されるような才能を教えてくれているからだ。

たとえば完全歩合制の女性セールスたちの間で成績が優秀な同僚に対して多い批判は、「どうせ枕営業でしょ?」というものだ。

この批判を翻訳すると「遺伝的に容姿が優れていて羨《うらや》ましい」という意味である。

同様に「学歴だけの人間」という批判を翻訳すると「遺伝的に知能指数が高くて羨ましい」という意味になる。

そう考えると批判が届くたびに落ち込むどころか、ワクワクしないだろうか。

批判が届くたびに無料であなたの才能を教えてもらえるのだから。

26

求められてもいないのに、格下を助けない。

ここでは厳しいけれど、とても大切な話をしたい。

もしあなたが本気で人生のステージをアップさせたければ、むやみやたらに弱者を助けないことだ。

道徳的にはとっても悪いことを述べているのは承知の上だが、この揺るぎないルールは絶対に外すことができない。

ここで私が述べたいのは、駅や道端で幼児やお年寄りが困って助けを求めているのを無視してスルーせよという類の話ではない。

それは助けてあげたほうがいいだろう。

かつて古代中国の孟子《もうし》が「幼児が井戸に落ちかけているのを目撃したら、人は誰もが助けたいと思うはずだ」と述べたように、助けてあげたいという心は誰にでも本能として備わっている。

そうした本能から生じる心ではなく、自分のため、自己満足に浸るため、優越感に浸るため、劣等感を紛らわすために求められてもいない相手を助けてはいけないということだ。

仕事が遅くて無能な後輩や同僚がいたとしても、相手が求めてもいないのに勝手に手伝って悦《えつ》に入ってはいけない。

そんなことすればあなたは優越感に浸れるかもしれないが、相手にとっては迷惑なこともある。

あなたがこれ見よがしに相手を手伝うことによって、相手の無能さが周囲に知れ渡ってしまうからだ。

たとえ悪気はなかったとしても、弱者は自分から助けを求めるべきであり、強者から手を差し伸べてはいけないのだ。

そうでなければせっかく助けても弱者は感謝などせず、次に助けなかったら恨みさえ抱くだろう。

こういう偽善の自己満足の余計なお節介が知らぬ間に蓄積して怨念となり、たまたま弱っているあなたに襲いかかって完膚《かんぷ》なきまでに打ちのめされ、人生を台無しにされるのだ。

だが虚心坦懐にあなたの行為を振り返ってみると、そこには相手を利用して自分が恍惚《こうこつ》としたかったからだという本心に気づかされるはずだ。

それが弱者に本能で伝わり、恨みとなって蓄積するのだ。

既出のアメリカの社会哲学者エリック・ホッファーは「人が本当に安らぎを覚えるのは、人を憐《あわ》れむときだけである。自分と同等の者や自分より優れた者に対する賞賛や愛情には、不安がつきまとう」と述べているが、自分よりも格下の相手を憐れむのは比較的誰にもできる安易な行為なのだ。

またあなたが弱者と一緒にいるのを目撃されると、あなたまで弱者か、その弱者未満に見られてしまう。

27

教えたがり屋さんにならない。

もしあなたが人から尊敬されたいと思うなら、絶対にやらかしてはいけない行為がある。

それは求められてもいないのに教えるということだ。

人から尊敬されたくないという人はこの世に一人もいない。

人には誰でも本能として承認欲求があり、これはそう簡単にはなくならないからだ。

いかにも承認欲求がなさそうに装っている人間に限って、本当は途轍もなくプライドが高く承認欲求の塊なのだ。

尊敬を獲得するためには必ず距離を置かなければならないし、名残惜しさを感じさせなければならない。

自分からわざわざ格下に教えるというのは、その逆で相手との距離を縮め、鬱陶しさを与える行為だと気づかされるだろう。

なぜオヤジやオバサンが嫌われるかと言えば、相手に乞われてもいないのに教えたがるからだ。

相手に乞われてもいないのに教える行為を説教と呼ぶ。

乞われてもいない相手に教えると、相手はあなたの話を聞かないどころか、あなたに反発したり恨みさえ覚えたりするものだ。

私が会社勤めの頃もマネジメントの下手なリーダーが複数いて、彼ら彼女らは揃いも揃って教えたがり屋さんだった。

だから部下にはなめられていたし、恨まれてもいた。

次第にメンバーから逆ギレされたり退職されたりしてチームが消滅していたものだ。

私は大学時代の読書で「乞わない相手には絶対に自分から教えてはならない」と予習していたので、それを忠実に守っていた。

極論すると社内で媚《こ》びない相手には教えなかったし、社外ではお金を払わない相手には教えなかった。

これは私自身の威厳やブランドを保つためもあったが、それ以上に大切なのはそうしなければ相手は私の知恵を糧にできないからである。

自分から頭《こうべ》を垂れてこそ、授かった知恵を行動に移そうと考えるのであり、大金を払うからこそ、経営コンサルタントの話に傾聴するだけではなく実行するのである。

あなたが相手に畏《おそ》れられていなければ、相手はあなたの話など聞かないのだ。それではあなたも不幸だし、相手も不幸だろう。これではwin－winの関係ではなくlose－loseの関係になってしまい、関わる人すべてが不幸になる。

最後になるが、あなたにはナァナァのねちっこい甘酒のような人間関係は捨ててもらいたい。

水のようなサッパリとした関係を築き、互いに畏敬《いけい》の念を抱く相手とだけ交際してもらいたい。

28

意味もなく後輩におごらない。

これまた非常識なことを述べるが、原則後輩にはおごらないことだ。

これは賛否両論があるだろうが、私自身の経験と周囲を見ていて明らかにおごらないほうが仕事にはいいと判断した。

後輩のみならず相手から会ってくださいと依頼された場合は、相手におごらせることだ。

「ケチ」と言われるのが怖いからとおごってはいけない。

おごればおごるほどに相手はつけ上がり、感謝するどころか当たり前だと思うようになる。

最悪の場合、相手はあなたと対等と勘違いするようになる。

食を共にするというのは同じ空間で同じ時間を共有するということであり、セックスする行為に極めて近い。

セックスを何度もするうちに次第に関係が対等になっていくように、食事のたびに格下は格上に対する敬意が薄まってしまうのだ。

このおごらないという作戦は人間関係において極めて有効であり、これまでおごってきた相手に敬意を抱かせるにも効果はある。

「あれ？　今日はおごってくれないの？」と思わせることで、人間関係が逆転してあなたが上、相手が下という揺るぎない関係が構築されていくからぜひ試してもらいたい。

私が会社勤めの頃にはランチは原則抜きか一人だったし、例外的に誰かと一緒に食事をする場合は同等以上の相手と決めていた。

格下には私と一緒に食事をすることはとても価値のあることだと思わせていたのだ。

ただし意味もなくおごることはなかったというだけで、仕事で大成功して焼き肉をご馳走《ちそう》したことなどはある。

おごるという行為がすべていけないのではなく、なぜ自分はおごってもらえたのかがわからない相手にはおごる価値がないし、おごることが逆になめられることに繋がるということである。

意味のない相手におごるのは時間だけではなく、お金まで無駄にしたことになる。

その上相手も感謝せず、あなたもマネジメントしにくくなるというのだから、むやみにおごるのがいかに愚かな行為なのかがわかってもらえたと思う。

そもそも「おごってくれないからケチだ！」と喚《わめ》くような格下は、最初からメンバーとしてカウントしなくてもいい。

さっさとメンバーから外して去ってもらうに限る。

最後になるが、「とにかくすべて自分がおごりなさい！　必ず恩を売って利用できるから」と豪語していた連中は、全員マルチ商法や下品で尊敬されていない零細企業の社長だった。

29

ネット上でいいから、自分の理想の頂点を熟知しておく。

何かを成し遂げたければ高い目標があるに越したことはない。

自分がその通りの人生を歩めるわけではなくても、目標それ自体がやる気に繋がるし努力も継続しやすいはずだ。

たとえば小説家の世界なら村上春樹、J・K・ローリングだろうか。

もちろん故人でも構わない。

私も大学時代に将来は本を書いて生きたいと決めた瞬間、業界で理想の頂点を書籍や雑誌などで調べ尽くしたものだ。

頂点を徹底的に確認しておくことで自分はどこまで行けそうなのか、どこで勝負の土俵をずらさなければならないのかが浮き彫りになる。

今だったらネット上でより迅速《じんそく》に詳しく調べられるはずだ。

今でも私は引き続き自分の土俵の頂点をネットでまめにチェックしている。

それはその人を超えようとするためではなく、キャラが被《かぶ》らないようにするためだ。

同じ土俵で潰し合って消耗しても仕方がないし、それでは私の理想も消えてしまって寂しいからだ。

やはり理想は理想であり続けてもらいたい。

さらにビジネス面での頂点と、生き様の頂点をマークしておくといいだろう。前者は綺麗事を抜きにすれば、お金は稼げないよりは稼げたほうがいいのだから、頂点はどのようなビジネスモデルで稼いでいるのかを知っておくのが望ましい。

私の場合だと紙書籍はすぐになくならないにせよ、確実に衰退して市場は縮小することは知っていたから、それ以外の媒体で自分のコンテンツを発信すべきだと気づかせてもらえた。

現に私は会社勤めの頃にコンテンツを制作して販売していた時期もあり、確かな手応えも感じていた。

狙ったわけではなかったが、先にコンテンツビジネスがどういうものなのかを予習させてもらって運が良かったと感謝している。

後者の生き様の頂点についてはどれだけ業界での地位を築いてもストイック

さを維持しているのが一流の条件だと教わった。

業界では頂点かもしれないが、地球上でも宇宙でも頂点ではない。

だから謙虚に淡々と静かに燃え続けて自分の役割を果たしているだけだ。

もはや一発当ててやろうという次元ではなく、成功を上塗りし続ける人生なのだ。

生命が続く限り世間に認められるためでもお金を稼ぐためでもなく、ただ昨日の自分を少し超えるために生きている。

あなたにはあなたの土俵があり、その土俵には必ず頂点が存在する。

頂点を調べ尽くすことだ。

30

自分の実績±20%の相手と積極的に関わる。

頂点を調べ尽くして知っておく大切さはすでに述べたが、それだけでは理想を追いかけるだけで人生が終わってしまう。

やはり現在の自分の実力を向上させることが何よりも大切なことだ。

究極の理想を知った上でその理想に近づくためには、日々の泥臭い努力や実力向上から逃げるわけにはいかない。

私の場合は常に現在の自分の実績の±《プラスマイナス》20％の相手と関わって切磋琢磨《せっさたくま》するようにしてきた。

±20％に設定した理由は、＋20％の相手が落ちぶれる可能性もあるし、－20％の相手に逆転される可能性もあるからである。

会社勤めであれば社内の評価でわかるだろうし、現在の私の仕事であれば出版点数や累計発行部数でストレートにわかる。

もちろんこれも無理に直接会う必要はなく、一方的にマークして調べておくだけでもいい。

むしろ直接会わずに一方的に調査しておくほうが情報は集まり客観的に分析

できるかもしれない。

直接会うとデータではわからない空気感や言外の微妙なニュアンスがゲットできるが、情が入ったり好悪が絡んできて分析が曇ってしまったりする可能性があるからだ。

±20%の相手の中から突出してくる成長株がいたら、今を見るのではなく過去を分析することだ。

なぜなら今の結果は今仕込んだ結果ではなく、過去に仕込んだ結果だからである。

何年か前に蒔《ま》いた種が発芽して開花したのであり、開花した部分だけを羨ましがっても何も意味がないのだ。

たとえば小説家の世界だと2年ほど前からエッセイや電子書籍の種を蒔いていて、それがブレイクした可能性がある。

あるいは起業家の世界だと5年間必死で政界や財界のドンとのコネ作りに明け暮れていた結果、今になってブレイクした可能性がある。

とにかく周囲とちょっと違った動き、同業としての違和感のようなものを見逃さないことだ。

反対に±20%の中から沈没していく人や会社があったら、これもまた今ではなく過去を分析することだ。

数年前からおかしな取引先が増えていなかったか。

安請け合いし過ぎてパンク状態に陥っていなかったか。

すべて長期的に定点観測していればわかるはずだ。

人も会社も落ちぶれる原因は、仕事を受け過ぎて次への戦略を練る時間とゆとりを失ったからであることが多い。

いずれにせよ成功も失敗も±20%を定点観測することによって、あなたは効率良く咲き続けられるのだ。

31

身近でナンバーワンの実力者に教えを乞う。

これは私が大学時代に読んだビジネス書や自己啓発書の著者が異口同音に教えてくれたのだが、社会人になったら身近でナンバーワンの実力者に教えを乞うべしというアドバイスがあった。

新卒で入った会社でも転職先でもそれを試したところ、見事に成長の糧になった。

どこか遠くの成功者も勉強になるが、やはり同じ環境で結果を出している人から直接学ぶと得るものが多い。

もちろん経歴や容姿、生まれ持っての性格が違えばそのまま活かせないこともある。

しかしそれでも得るもののほうが圧倒的に多かった。

ひと言で表現すると非常識にならなければ成功はできないということだ。

非常識とは礼儀知らずということではなく、発想が柔軟であり、固定観念に縛られないということだ。

たとえば**いずれのナンバーワンにも共通したのは、勤勉ではなかったことで**

ある。

勤勉どころかむしろ怠け者であり、ゆったり考える時間を確保していた。

誤解なきよう強調しておくが、怠け者に見えただけで本当に何もしていなかったわけではない。

無駄な残業や忙しいふりをしていなかっただけで、仕事で結果を出すことだけを考え抜いていたのだ。

二人ともすべての雑談が仕事に繫がっており、実際にそれを形にしていた。

他の社員たちは忙しいふりをして終電ギリギリまで残業し、残業代を最大限稼ぐのに必死だったが、ナンバーワンは外回りを装って直帰してサウナや自宅でゆったり休んだり読書を楽しんだりしていた。

しかし毎日のように何か一つ新しいことに挑戦し、それが後々の成功に繫がっていた。

会社勤めの頃だけではなく現在の私もナンバーワンの仕事を引き継いでいる。

長時間労働とは無縁だし、忙しいふりをして媚びるのはこの世で最も恥ずべ

き行為だと思っている。

仕事の内容にもよるだろうが、少なくとも私の仕事はインプットし、思考し、アウトプットすることだ。

傍から見たら何もやっていない人のように見えるかもしれないが、そんな誤解は一切気にしないし、むしろそれは誇りでもある。

なぜならナンバーワンの仕事ぶりが瓜二つだったから、私が正しいことを知っているからである。

その他大勢から理解されなくても、ナンバーワンから目配せで「オマエ、よくわかっているな」と認めてもらえればそれでいい。

成功者というのは多数決とはまるで違う選択をする人であり、それに屈しないためにナンバーワン思考の持ち主になろう。

32

事前準備できない質問に答えられるようになったら、本物。

セミナー講師の真の実力は準備してきたレジュメにあるのではなく、質疑応答で決まる。

よく最前列に座った参加者に偉そうに質問を投げかける講師がいるが、あれは小さな自分を大きく見せるためのマウンティングだ。

もし質問を投げかけられた相手が正解を即答すれば、それはその講師よりも参加者のほうが数段格上である。

なぜなら講師は事前準備しているのに対し、質問を投げかけられた参加者は事前準備できないからだ。

質疑応答もこれと同じで、事前準備できないことに対してどれだけ参加者が唸《うな》る回答を即答できるかで講師の力量がわかるのだ。

もちろん水準以上の回答が即答できるのは生まれてから今日までの蓄積の結果だが、それこそが真の実力なのだ。

あなたも何かのプロや少なくともプロを目指しているはずだから、事前準備できない質問に答えられるようにしよう。

そのためには常に自分の頭の中でボケ役とツッコミ役を飼い慣らしておくことだ。

そして仕事だけではなく、日常でも「なぜ？」と考えるようにし、「それは…」と答えるようにする。

最初は考えるのが面倒かもしれないが、そのうち考えないのが苦痛になる。

何をするにも理由を考えるようになり、それに対する答えがわからなければ悔しくなる。

そうなれば占めたもので、あなたは実力派講師のように即答力がすでに備わっている。

これからの時代は生のセミナーではなく、ネット上のセミナーやライブ中継が中心になるが、だからこそ即答力は強力な武器になるのだ。

もちろん人前で無理に話す必要はない。

必ずしも人前で即答力を披露しなくても、頭の回転速度を鍛えておくことは文章や音声でも必ず役に立つ。

即答力があれば文章を書くスピードが格段に速くなるし、画像なしの音声でも話し方や声の張りに自信が張っているのがリスナーに伝わる。

あなたのお気に入りのネット動画や音声を一時停止して、自分ならどう考えてどう答えるのかを考える訓練をするのも効果抜群だ。

私の本を読む前にまず目次だけに目を通して、事前に内容を予想する訓練をしているという読者からハガキやメールが届いたことがこれまでに何度もある。

思えば、私が最初にこの訓練をしたのは大学受験の数学だった。

問題を読み、仮説を立て、問題を解きながら検証しつつ結論へと導く。

現在の執筆や音声の仕事に繋がっている。

「コミュニケーションで悩んだら、逆を試そう。」

CHAPTER 5

自分の学びをアウトプットすれば、昨日と違う自分になれる

33

新しい情報が欲しければ、自分の情報を吐き切ること。

大学時代に読んだ本の中で、すでに鬼籍に入った某証券アナリストがとっておきの情報を獲得するためのコツを教えてくれた。

彼は各業界トップとの人脈も豊富であり、「なぜそんなことまで知っているの？」と驚愕《きょうがく》されていたことで有名な人物だった。

質の高い情報が欲しければ、自分も質の高い情報を発信すればいいとのことだった。

確かにこれ以上の教訓はないだろう。

私も経営コンサルタント時代にわかったのは、極秘情報というのはお金では絶対に買えないことだ。

なぜなら極秘情報は命を狙われる可能性があり、お金よりも大切なものだからである。

さすがに具体名は出せないが、様々な大企業の倒産や有名人の逮捕劇というのはかなりの確率で仕組まれていることが多い。

人気就職ランキング入りを果たしていて株価も順調だった超一流企業が、突然流れが変わって雲行きが怪しくなり自主廃業や民事再生に陥ることがある。

他にも同じことをやっている人間はいくらでもいるのに、なぜかその人だけが逮捕されて吊るし上げられることもある。

あれは運が悪かったからではなく、権力者たちの気分を害した結果であることが多い。

以上はほんの一部だが、とっておきの情報や極秘情報はお金では絶対に手に入らないということがご理解いただけたかと思う。

すでにお気づきのように、**その人に集まる情報というのはその人が発信した情報に比例するのだ**。

これは質も量も同じである。

たくさん情報を発信する人にはたくさんの情報が集まる。

質の高い情報を発信する人には質の高い情報が集まる。

私が活字や音声で情報を発信し続けて一番楽しいのは、発信する私に情報が集まるからである。

質の高い情報をたくさん発信すれば、質の高い情報がたくさん集まる。

新しい情報をゲットしたければ、あなたも新しい情報を発信しなければならないのだ。

まずはあなたの情報を吐き切ることだ。

吐き切ることで自分のちっぽけさがわかる。

呼吸と同じで大切なのはまず吐き切ることなのだ。

吐き切れば次は勝手に吸い込むことができる。

自分がいかに空っぽなのかが理解できれば、本能がインプットを望むようになるのだ。

活字や動画だけが教材ではなく、この世のあらゆる事象、森羅万象があなたの教材になる。

ネット上であなたが何かを発信し始めると、毎日がネタ探しで忙しく、楽しくなる。

34

勤務先の会社より
あなたのほうが
影響力を持つことを
目指す。

組織より個人のほうが影響力を持つことが珍しいことではなくなって、すでに久しい。

ひょっとしたらあなたの会社にも数万人や数十万人のフォロワーや登録者数を持つ人材がいるかもしれない。

彼ら彼女らは個の力を見込まれて採用された可能性が高いが、逆に言えばいつでも独立できるし敵に回すと怖いということでもある。

ここで私はあなたの会社の脅し方を指南したいわけではない。

すでに組織と個人が対等な関係になる時代になっているという事実を再認識してもらいたいのだ。

私が20世紀末に新卒で入社したのは大企業だったが、当時は仕事を覚えて活躍し始める30歳前後の若手社員が40代～60代のお年寄りを養っているという実態を1次情報で学ばせてもらった。

ところが若手社員の年収よりもお年寄りの年収は何倍も高い。

本で予習した通りで思わず笑ってしまった。

これは今回初公開だが、窓を背にして座っていた部長や副部長の労働時間は1日平均30分程度である。

彼らはあまりにも暇だと社員たちの冷たい視線が気になるのか、課長を呼びつけて会議と称して個室で雑談していた。

知らぬは本人たちのみである。

すでに30歳前後の先輩社員たちはそのことに気づいており、飲み屋でこの世の搾取のカラクリを何度も教えてくれたものだ。

それでも彼らが辞められなかったのは、給料も高く、年3度のボーナスが支給されていたからである。

私はいつでも辞める覚悟があったがそれを公言はしていなかったので、社長を目指していると思われていたようだ。

私の働きぶりや業界内の資格試験の取得のスピードが半端ではなかったからだ。

すべては情報収集の演技だったが、演技だからこそ真剣に演じ続けられたのだ。

もともと会社勤めや社内の役職というのは劇団員が演技しているのと何ら変わらないのだから。

私はこの国全体で演じ続けている集団猿芝居はすぐに崩壊すると確信した。

当時はまだインターネットの黎明《れいめい》期で、古い大企業はで一人1台のパソコンが貸し出しされるところまではきていなかった。

しかしその後物凄いペースでインターネットが浸透し、瞬く間に地球上に広がってしまった。

私が直感したことはそのまま現実化し、今では一流企業を卒業したエリートでも就職せずにいきなり個人で生きる人も増えてきた。

まずは自社を超える影響力を目指したい。

35

副業を成功させることで、本業に相乗効果をもたらす。

暗黙の了解を含めれば副業ＯＫの会社は増えてきた。

これからは副業をしてもらわないと年収が維持できないから、会社も副業ＯＫにせざるを得ないだろう。

それはともかくあなたもぜひ副業をすることをおススメする。

なぜかと言えば、副業を成長させることで得をすることがたくさんあるからだ。

まず副業を成長させれば収入が増えるから豊かな生活ができるようになる。

これは誰でも想像しやすいと思う。

次に副業の稼ぎが本業を超えればあなたの自信が漲る。

それはそうだろう。

副業のほうが本業よりも稼げるのだから、建前はともかく本音では会社を「仮の宿」とか、「毎月安定収入が振り込まれるから居てやっているだけ」と思えるようになるはずだ。

傲慢《ごうまん》かと思うかもしれないが、副業を成長させた人たちと個別に密室で打ち解けて対話をすると全員異口同音にそう教えてくれるものだ。
最後に副業を成長させることで起業や経営の体験ができるため、いい意味で会社の仕事も一段上から悠然と眺められるようになる。

仮に失敗してクビになっても自分には副業があるのだからどっしり構えていられる。

果《か》敢《かん》に挑戦できるようになるし、会議ではいちいち上司に媚びないストレートな意見を発言できるようになる。

どうすれば一番いい塩《あん》梅《ばい》なのかはそれぞれの会社で異なるから自分の頭で考えてもらいたいが、確実に本業にも相乗効果をもたらすことがわかるはずだ。

私も会社勤めのラスト2年間で自著を3冊出したが、それで仕事の流れが大きく変わった。

あまりにもステージが上がり過ぎたので、「よく考えたら、自分はどうしてこのまま会社に搾取され続けなきゃいけないの？」とハッと気づいてしまった。

私の場合は純度100％の自由を求めて独立したが、これは誰にでも勧めら

れることではないと思っている。

人によっては会社勤めをしながら副業を成長させ続けたほうがより挑戦できるからだ。

多くの人にとって安定収入があるというのは心の支えになるだろう。平均すると会社勤めをしながら副業を成長させたほうが相乗効果をもたらせると思う。

以上を読んで「それでもやっぱり自分は独立する！」と思えた人は、私のように独立したほうがいい人生を送れる。

ちなみに私の周囲で副業を成長させた人は全員独立しており、類は友を呼ぶのかもしれない。

副業は本当に素晴らしいと私は思う。

36

みんな薄々感じていたことを言語化できると、人とお金が殺到する。

私の紙書籍は本書で173冊目（文庫版・共著等含めると193冊、海外翻訳版40冊超）となり、この他に出版社経由の電子書籍、個人のPDFダウンロードサービス、音声ダウンロードサービス等でコンテンツを発信している。複数の個人や会社から「どうすれば継続してそんなに成果を出し続けられるのか？」という問い合わせが頻繁に届く。

特別に何か斬新《ざんしん》なことをやっているわけではなく、シンプルに私の理念を徹底して貫いているだけだ。

私は〝タブーへの挑戦で、次代を創る〟をミッションとして生きている。

私の発信しているコンテンツは表現や手段は違ってもすべてこの使命を淡々と果たしているだけだ。

要はみんなが薄々感じていたことを言語化しているのだ。

建前に埋もれてしまった化石人間にとっては、私のコンテンツは過激と受け取られることもある。

記憶は小学生の頃に遡《さかのぼ》るが、同級生たちを観察しているうちに揺るぎない仮説を打ち立てた。

その仮説とは「遅い足が速くなることもなければ、悪い頭が良くなることもない」というものだった。

中学生になるとその仮説は確信に変わり、ごく親しい優等生やスポーツエリートだけにはそれを打ち明けていた。

彼らは深い興味を示し、激しく賛同してくれたものだ。

学校の教師や周囲の大人たちは誰一人としてこれを認めなかったが。

ところが高校に入学してこれを複数の教師に投げかけてみたところ、あっさりと認めてくれた。

「人の顔や体型は親に似るだろ？　だったら脳みそも似るに決まっとるやないか！」と異口同音に教えてくれたものだ。

高校は義務教育ではないから、本音を教えてくれたのかもしれない。

そんな真実に興奮したのは私くらいのものだったが、自分は将来そうした「誰も口にしないけど大切な真実」を発信し続けて生きたいという曖昧模《も》糊《こ》とした気持ちが芽生えた。

タブーとは本当は大切なことでみんな興味津々だけど、多くの弱者たちが興奮するから言ってはいけないことである。

だが多くの弱者を庇《かば》って嘘で塗り固めた世の中にすると、フランス革命のようなテロが起こるし、衆愚《しゅうぐ》政治と化して結局弱者から搾取する結末が待ち受けている。

あなたが私の真似をする必要はない。

あなたにはあなたの勝負の土俵があるはずだ。

ただ誰もが薄々と感じていたことをわかりやすく言語化してあげると、人とお金が殺到する。

37

イラっとさせられた業界は、あなたが革命を起こすチャンス。

あなたは成功者とそうでない人の違いを即答できるだろうか。

ここで想定する成功者とは遺産相続でお金持ちになった人でもなければ、本当に運だけで当たった一発屋さんでもない。

少なくとも10年以上は業界内やプロ同士の間で名前が知られており、経済的にも豊かな人たちのことだ。

彼ら彼女らのことを長期的な成功者と呼ぶことにしよう。

長期的な成功者たちとそうでない人の違いは、「繊細さ」である。

「繊細さ」の偏差値が低い人は絶対に長期的な成功者にはなれない。

繊細であるということは、弱いということではない。

頭がいいということである。

ここで私は「勉強ができることと頭の良さは関係がない」といった、これまた弱者が狂喜しそうな綺麗事を述べるつもりは毛頭ない。

勉強ができるということは頭がいいということであり、頭がいいということは勉強ができるということだ。

入試科目数の多い難関国立大学や偏差値の高い早慶といった一流私立大学に筆記試験で合格する人は、例外なく頭がいい。

なぜ彼ら彼女らは頭がいいのかと言えば、繊細だからである。

人一倍繊細だからこそ、凡人がミスするような問題を解けるのである。

人一倍繊細だからこそ、凡人のようなケアレスミスが少ないのである。

ここに議論の余地はない。

もし自分は鈍感だと思う人がいたら、日々次の訓練をしてもらいたい。

日常でイラっとさせられた体験を忘れないことだ。

イラっとして暴力を振るうのはチンピラのすることだが、イラっとして合法的に復讐《ふくしゅう》するのは長期的な成功者の常識である。

タクシー運転手にイラっとしたら、ニッコリ笑って法律を変えて規制緩和して苦しめたり、国会議員経由で協会にクレームを直訴して深々と謝罪させたりして傷ついたプライドを生涯償わせるのは常識である。

接客の悪い飲食店があれば、何事もなかったように裏から手を回して大手チェーン店を近所にオープンさせて廃業させたり、調査員を派遣して偽装問題をマスコミにリークして懲らしめたりするのは常識である。

あらゆる革命は長期的な成功者たちをイラっとさせたことがきっかけになっているのだ。

ここ数年では日本郵政グループにイラっとした長期的な成功者が増えているのを感じていたが、ご存知のようにフルボッコ状態にされた。

あなたも妥協なくイラっとして、世の中を改善してもらいたい。

38

自社が殺意を抱くほど憎いなら、独立して自社を超えて抹殺すればいい。

ここだけの話、会社勤めをしていると必ず不平不満が芽生えてくるものだ。

せっかく自分を採用してくれたのだから愚痴を言ってはいけないことは理性ではわかっていても、本能では絶対に嘘をつけない。

それが人間というものであり、それでいいのだ。

問題は不平不満を喚き散らしたり雑魚《ざこ》同士で愚痴を言い合って慰め合ったりすることだ。

そんな惨めな人生を送っていると、顔つきや背中が奴隷そのものになってしまう。


不平不満や愚痴を垂れていると、隣には必ずそれにふさわしい雑魚が集まる。


たとえばあなたが新入社員で、同期たちと一緒に上司や会社の悪口で盛り上がっていたとしよう。

その空間で上司や自社の重役たちがあなたと一緒になって、悪口で盛り上がることは絶対にないはずだ。


人生は隣にいる顔ぶれで決まるのだから、あなたの隣に雑魚を座らせている

と、あなたも雑魚そのものになってしまう。

少なくとも周囲のエリートたちはあなたを見て雑魚だと確定し、その評価は生涯覆せない。

人間社会とはそういうものであり、これを知らずに人生を台無しにしている人たちがいかに多いことか。

自社に不満があるのは全然構わない。

それどころか殺意を抱くほどの大きな不満があったほうが希望はある。

なぜなら人の怒りのエネルギーというのは凄《すさ》まじく、偉大な経営者や英雄と呼ばれた人たちの成功のきっかけはすべて「憤」からスタートしているからだ。

一代で東証一部上場企業を築いたオーナーたちから直接教えを乞う機会に何度も恵まれたが、私と打ち解けた彼らは例外なく「憤」のエピソードを持っていた。

世界的な経営者たちなら自伝も出ていることが多いから、あなたもぜひ自分で確認してもらいたい。

ビル・ゲイツもスティーブ・ジョブズもジェフ・ベゾスもイーロン・マスクも、例外なく「憤」を活かして成功している。

あなたも成功者について調べていくうちにわかるが、成功者には自分が勤めていた会社に復讐するために起業した人間が非常に多い。

起業して元勤務先を超え、倒産させたり買収したりして復讐して成功しているのである。

これは個人でも同じだ。

師弟関係が崩れることが多いのは、弟子が師匠を裏切って独り立ちして成功するからである。

いつまでも師に従っているのは、なるほど道徳的かもしれない。

しかし本当の成功はできないだろう。

39

この世に真のオリジナルなど存在しない。

世間はパクりについて非常に厳しいが、パクりと騒がれるか騒がれないかの差は、やり方と本人のキャラの違いであって、基本的に世の中のものはすべてパクりである。

ピカソも認めているように芸術作品はパクり合いの歴史だし、映画や小説もパクり合いの連続だ。

あなたが今やっている仕事も100％の確率で誰かに教わったり、誰かの真似をしたりしてできるようになったはずだ。

私も本当にこれまでよくパクらせてもらったと感謝している。

ただし「これはアウトだな」と思うのは、相手の創作物をそのまま引用してサインだけを自分の名前にすり替える行為だ。

これはパクりではなく犯罪だと思う。

それ以外のパクりはその人らしさが必ず出て、パクり切れない部分がその人の個性になるのだ。

18世紀から19世紀にかけて活躍したドイツの文豪ゲーテは、「シェークスピア

の作品が自分の言いたいことを完璧に述べてくれているのに、どうして私が今から独自のものを新しく作る必要があろうか」「独創性にこだわっていると、人生の大半を迷い続けて終わってしまう」と述べている。

この世に真のオリジナルなど存在しないのだ（真のオリジナルはこの自然界のみである）。

あらゆる辞書は先人のパクりの集大成であり、あらゆる知恵は先人のパクりのアレンジであることを認めよう。

念のため述べておくが、私の発信しているコンテンツもすべて先人のパクりであり、何一つオリジナルはないと一点の曇りもなく確信している。

もし斬新に見えることがあれば、それはパクりの組み合わせが新しく見えているに過ぎない。

私自身がゼロから創造したことなど何一つないことをここで強調しておきたい。

20世紀に活躍したオーストリアの経済学者シュンペーターは「イノベーショ

ン」という言葉を世に送り出したが、日本語では「刷新」と訳されることが多かった。

だがイノベーションの語源を遡って丹念に調べると、「新結合」という意味が一番ピッタリの翻訳であることがわかる。

新結合とは新しい組み合わせという意味であり、すでにこの世に存在する先人の発見や発明を新しく組み合わせることによって、斬新なアイデアを生もうというものだ。

カレーライスがカレーとライスの組み合わせで、携帯電話が電話とポケベルの組み合わせで誕生したように、あなたも先人の知恵を組み合わせればいい。

40

他人の評価が気にならなくなるまでアウトプットすれば、人生は勝ちだ。

さて最後にあなたに大切なことを伝えておきたい。

人は誰もが弱いし、ちょっとしたことでも挫《くじ》けそうになる。

強そうに見える人ほど自分の弱さを熟知しており、それを踏まえた〝自分〟ならではの〝戦略を練り、それをブラッシュアップしながら生きているのだ。

批判が辛《つら》いのは当たり前だ。

批判が心底快感だという人などこの世にいない。

だが批判が辛いからと引きこもってしまう人もいれば、批判に屈しない人もいるという現実に目を向けることだ。

100万円の借金で自殺してしまう人もいれば、100億円の借金で精力的に講演活動をしてせっせと返済し続けている人もいる。

批判もこれと同じで、暇だから気になるのだ。

もしあなたが1秒も浮気する余裕がないほどに恋愛に没頭していたら批判など気にならないだろう。

もしあなたが1秒もよそ見する余裕がないほどに目の前の趣味に没頭してい

たら批判など気にならないだろう。

つまり他人の評価が気にならなくなるまで桁違いのアウトプットをすればいいのだ。

ピカソが数万点の作品数を残したのは有名な話だが、実はピカソにはアンチがとても多かった。

「幼児の落書きのような絵」「こんなの芸術ではない」「また○○のパクりか」といった批判の声が世界中から浴びせられたのだ。

それでもピカソは女性にモテモテで自由にのびのびと生き、平均的な画家とは桁違いの作品数を遺したのだ。

ピカソだって人の子である。

批判が気にならなかったはずがない。

しかもピカソは天才である。

繊細でないはずがない。

ピカソは作品の創作に没頭し、数々の女性を愛し続けることによって、他人の評価を気にならなくしていたのだ。

私がそうしたピカソの生き様を知ったのは大学時代だったが、自分にもこれを活かそうと考えた。

もともと多作家に憧れていたこともあったがとにかく自分のありったけのアウトプットをし続けて、ノイズを人工的にシャットアウトしてやろうと決めたのだ。

アウトプットして、アウトプットして、アウトプットしまくる。

そうするとノイズは気にならなくなる。

もちろん他人の意見に耳を貸さないわけではない。

むしろ他人の意見は人一倍傾聴する。

だが一度創作がスタートしてゾーンに入ったら、創作に没頭するためにすべてをシャットアウトするということだ。

そのための鉄壁の環境も獲得した。

その結果、今ここにいる。

「アウトプットして、
アウトプットして、
アウトプットしまくれ。」

千田琢哉著作リスト（2021年2月現在）

アイバス出版

『一生トップで駆け抜けつづけるために20代で身につけたい勉強の技法』

『一生イノベーションを起こしつづけるビジネスパーソンになるために20代で身につけたい読書の技法』

『1日に10冊の本を読み3日で1冊の本を書く ボクのインプット&アウトプット法』

『お金の9割は意欲とセンスだ』

あさ出版

『この悲惨な世の中でくじけないために20代で大切にしたい80のこと』

『30代で逆転する人、失速する人』

『君にはもうそんなことをしている時間は残されていない』

『あの人と一緒にいられる時間はもうそんなに長くない』

『印税で１億円稼ぐ』

『年収1000万円に届く人、届かない人、超える人』

『いつだってマンガが人生の教科書だった』

朝日新聞出版

『人生は「童話」に学べ』

海竜社

『本音でシンプルに生きる!』

『誰よりもたくさん挑み、誰よりもたくさん負けろ!』

『一流の人生 − 人間性は仕事で磨け!』

『大好きなことで、食べていく方法を教えよう。』

学研プラス

『たった２分で凹みから立ち直る本』

『たった2分で、決断できる。』

『たった2分で、やる気を上げる本。』

『たった2分で、道は開ける。』

『たった2分で、自分を変える本。』

『たった2分で、自分を磨く。』

『たった2分で、夢を叶える本。』

『たった２分で、怒りを乗り越える本。』

『たった2分で、自信を手に入れる本。』

『私たちの人生の目的は終わりなき成長である』

『たった2分で、勇気を取り戻す本。』

『今日が、人生最後の日だったら。』

『たった2分で、自分を超える本。』

『現状を破壊するには、「ぬるま湯」を飛び出さなければならない。』

『人生の勝負は、朝で決まる。』

『集中力を磨くと、人生に何が起こるのか？』

『大切なことは、「好き嫌い」で決めろ!』

『20代で身につけるべき「本当の教養」を教えよう。』

『残業ゼロで年収を上げたければ、まず「住むところ」を変えろ!』

『20代で知っておくべき「歴史の使い方」を教えよう。』

『「仕事が速い」から早く帰れるのではない。「早く帰る」から仕事が速くなるのだ。』

『20代で人生が開ける「最高の語彙力」を教えよう。』

『成功者を奮い立たせた本気の言葉』

『生き残るための、独学。』

『人生を変える、お金の使い方。』

『「無敵」のメンタル』

『根拠なき自信があふれ出す!「自己肯定感」が上がる100の言葉』

『いつまでも変われないのは、あなたが自分の「無知」を認めないからだ。』

『人生を切り拓く100の習慣』

【マンガ版】『人生の勝負は、朝で決まる。』

『どんな時代にも通用する「本物の努力」を教えよう。』

『「勉強」を「お金」に変える最強の法則50』

KADOKAWA

『君の眠れる才能を呼び覚ます50の習慣』

『戦う君と読む33の言葉』

かんき出版

『死ぬまで仕事に困らないために20代で出逢っておきたい100の言葉』

『人生を最高に楽しむために20代で使ってはいけない100の言葉』

『20代で群れから抜け出すために顰蹙を買っても口にしておきたい100の言葉』

『20代の心構えが奇跡を生む【CD付き】』

きこ書房

『20代で伸びる人、沈む人』

『伸びる30代は、20代の頃より叱られる』

『仕事で悩んでいるあなたへ 経営コンサルタントから50の回答』

技術評論社

『顧客が倍増する魔法のハガキ術』

徳間書店
『一度、手に入れたら一生モノの幸運をつかむ50の習慣』

『想いがかなう、話し方』

『君は、奇跡を起こす準備ができているか。』

『非常識な休日が、人生を決める。』

『超一流のマインドフルネス』

『5秒ルール』

『人生を変えるアウトプット術』

『死ぬまでお金に困らない力が身につく25の稼ぐ本』

『世界に何が起こっても自分を生ききる25の決断本』

『10代で知っておきたい 本当に「頭が良くなる」ためにやるべきこと』

永岡書店
『就活で君を光らせる84の言葉』

ナナ・コーポレート・コミュニケーション
『15歳からはじめる成功哲学』

日本実業出版社
『「あなたから保険に入りたい」とお客様が殺到する保険代理店』

『社長！この「直言」が聴けますか？』

『こんなコンサルタントが会社をダメにする!』

『20代の勉強力で人生の伸びしろは決まる』

『ギリギリまで動けない君の背中を押す言葉』

『あなたが落ちぶれたとき手を差しのべてくれる人は、友人ではない。』

『新版 人生で大切なことは、すべて「書店」で買える。』

日本文芸社
『何となく20代を過ごしてしまった人が30代で変わるための100の言葉』

ぱる出版
『学校で教わらなかった20代の辞書』

『教科書に載っていなかった20代の哲学』

『30代から輝きたい人が、20代で身につけておきたい「大人の流儀」』

『不器用でも愛される「自分ブランド」を磨く50の言葉』

『人生って、それに早く気づいた者勝ちなんだ!』

『挫折を乗り越えた人だけが口癖にする言葉』

『常識を破る勇気が道をひらく』

『読書をお金に換える技術』

『人生って、早く夢中になった者勝ちなんだ!』

『人生を愉快にする! 超・ロジカル思考』

『こんな大人になりたい!』

『器の大きい人は、人の見ていない時に真価を発揮する。』

PHP研究所
『「その他大勢のダメ社員」にならないために20代で知っておきたい100の言葉』

『お金と人を引き寄せる50の法則』

『人と比べないで生きていけ』

『たった1人との出逢いで人生が変わる人、10000人と出逢っても何も起きない人』

『友だちをつくるな』

『バカなのにできるやつ、賢いのにできないやつ』

『持たないヤツほど、成功する!』

『その他大勢から抜け出し、超一流になるために知っておくべきこと』

『図解「好きなこと」で夢をかなえる』

『仕事力をグーンと伸ばす20代の教科書』

『君のスキルは、お金になる』

『もう一度、仕事で会いたくなる人。』

『好きなことだけして生きていけ』

藤田聖人
『学校は負けに行く場所。』

『偏差値30からの企画塾』

『「このまま人生終わっちゃうの?」と諦めかけた時に向き合う本。』

マガジンハウス
『心を動かす 無敵の文章術』

マネジメント社
『継続的に売れるセールスパーソンの行動特性88』

『存続社長と潰す社長』

『尊敬される保険代理店』

三笠書房
『「大学時代」自分のために絶対やっておきたいこと』

『人は、恋愛でこそ磨かれる』

『仕事は好かれた分だけ、お金になる。』

『1万人との対話でわかった 人生が変わる100の口ぐせ』

『30歳になるまでに、「いい人」をやめなさい!』

リベラル社
『人生の9割は出逢いで決まる』

『「すぐやる」力で差をつけろ』

千田琢哉著作リスト

KKベストセラーズ
『20代　仕事に躓いた時に読む本』

『チャンスを掴める人はここが違う』

廣済堂出版
『はじめて部下ができたときに読む本』

『「今」を変えるためにできること』

『「特別な人」と出逢うために』

『「不自由」からの脱出』

『もし君が、そのことについて悩んでいるのなら』

『その「ひと言」は、言ってはいけない』

『稼ぐ男の身のまわり』

『「振り回されない」ための60の方法』

『お金の法則』

『成功する人は、なぜ「自分が好き」なのか?』

実務教育出版
『ヒツジで終わる習慣、ライオンに変わる決断』

秀和システム
『将来の希望ゼロでもチカラがみなぎってくる63の気づき』

祥伝社
『「自分の名前」で勝負する方法を教えよう。』

新日本保険新聞社
『勝つ保険代理店は、ここが違う!』

すばる舎
『今から、ふたりで「5年後のキミ」について話をしよう。』

『「どうせ変われない」とあなたが思うのは、「ありのままの自分」を受け容れたくないからだ』

星海社
『「やめること」からはじめなさい』

『「あたりまえ」からはじめなさい』

『「デキるふり」からはじめなさい』

青春出版社
『どこでも生きていける100年つづく仕事の習慣』

『「今いる場所」で最高の成果が上げられる100の言葉』

『本気で勝ちたい人は やってはいけない』

『僕はこうして運を磨いてきた』

『「独学」で人生を変えた僕がいまの君に伝えたいこと』

清談社Publico
『一流の人が、他人の見ていない時にやっていること。』

総合法令出版
『20代のうちに知っておきたい お金のルール38』

『筋トレをする人は、なぜ、仕事で結果を出せるのか?』

『お金を稼ぐ人は、なぜ、筋トレをしているのか？』

『さあ、最高の旅に出かけよう』

『超一流は、なぜ、デスクがキレイなのか?』

『超一流は、なぜ、食事にこだわるのか？』

『超一流の謝り方』

『自分を変える 睡眠のルール』

『ムダの片づけ方』

『どんな問題も解決する すごい質問』

『成功する人は、なぜ、墓参りを欠かさないのか？』

『成功する人は、なぜ、占いをするのか？』

『超一流は、なぜ、靴磨きを欠かさないのか?』

『超一流の「数字」の使い方』

SBクリエイティブ
『人生でいちばん差がつく20代に気づいておきたいたった1つのこと』

『本物の自信を手に入れるシンプルな生き方を教えよう。』

ダイヤモンド社
『出世の教科書』

大和書房
『20代のうちに会っておくべき35人のひと』

『30代で頭角を現す69の習慣』

『やめた人から成功する。』

『孤独になれば、道は拓ける。』

『人生を変える時間術』

『極 突破力』

宝島社
『死ぬまで悔いのない生き方をする45の言葉』

【共著】『20代でやっておきたい50の習慣』

『結局、仕事は気くばり』

『仕事がつらい時 元気になれる100の言葉』

『本を読んだ人だけがどんな時代も生き抜くことができる』

『本を読んだ人だけがどんな時代も稼ぐことができる』

『1秒で差がつく仕事の心得』

『仕事で「もうダメだ!」と思ったら最後に読む本』

ディスカヴァー・トゥエンティワン
『転職1年目の仕事術』

本文デザイン／黒田志麻

著者紹介

千田琢哉　愛知県生まれ。岐阜県各務原市育ち。文筆家。
東北大学教育学部教育学科卒。日系損害保険会社本部、大手経営コンサルティング会社勤務を経て独立。コンサルティング会社では多くの業種業界におけるプロジェクトリーダーとして戦略策定からその実行支援に至るまで陣頭指揮を執る。のべ3,300人のエグゼクティブと10,000人を超えるビジネスパーソンたちとの対話によって得た事実とそこで培った知恵を活かし、“タブーへの挑戦で、次代を創る”を自らのミッションとして執筆活動を行っている。著書は本書で173冊目。
ホームページ
http://www.senda-takuya.com/

「独学《どくがく》」で人生《じんせい》を変《か》えた僕《ぼく》がいまの君《きみ》に伝《つた》えたいこと

2021年2月5日　第1刷

著　者　千《せん》田《だ》琢《たく》哉《や》
発行者　小澤源太郎

責任編集　株式会社 プライム涌光
電話　編集部　03(3203)2850

発行所　株式会社 青春出版社
東京都新宿区若松町12番1号 〒162-0056
振替番号　00190-7-98602
電話　営業部　03(3207)1916

印刷　共同印刷　　製本　大口製本

万一、落丁、乱丁がありました節は、お取りかえします。
ISBN978-4-413-23190-9 C0030